LES GÂTEAUX
1001 recettes

SOLAR
EDITIONS

GÂTEAUX POUR LE GOÛTER

BISCUIT DE SAVOIE

Préparation : 15 min • **Cuisson :** 30 min • **Pour 6 à 8 personnes**

4 œufs • 150 g de sucre en poudre • 40 g de farine • 60 g de Maïzena®
1 c. à s. d'eau de fleur d'oranger • beurre pour le moule

- Préchauffez le four à 180 °C.
- Séparez les blancs des jaunes d'œufs.
- Mettez les jaunes et le sucre dans un saladier et remuez au fouet jusqu'à l'obtention d'un mélange blanc et mousseux.
- Ajoutez la farine, la Maïzena® et l'eau de fleur d'oranger, puis mélangez.
- Montez les blancs en neige bien ferme, puis incorporez-les à la préparation.
- Beurrez un moule à manqué et versez-y le mélange.
- Faites cuire au four pendant 30 min environ.
- Laissez refroidir avant de déguster.

Biscuit de Savoie à la vanille

Remplacez l'eau de fleur d'oranger par 3 gouttes d'extrait de vanille liquide. Vous pouvez ajouter les graines grattées de 1 gousse de vanille.

Biscuit de Savoie au citron

Remplacez l'eau de fleur d'oranger par le jus et le zeste de 1/2 citron jaune ou vert.

Biscuit de Savoie à la marmelade

Coupez le gâteau cuit en deux dans l'épaisseur. Nappez la base de marmelade d'oranges puis reconstituez le gâteau.

Biscuit de Savoie façon fraisier

Coupez le gâteau cuit en deux dans l'épaisseur. Nappez la base de chantilly, parsemez de fraises coupées en dés, puis reconstituez le gâteau. Nappez la surface de chantilly et décorez de demi-fraises.

Cake à la carotte et aux pommes
Remplacez la moitié des carottes râpées par de la pomme râpée. Ajoutez 30 g de raisins secs à la préparation.

Cake à la patate douce
Remplacez les carottes râpées par environ 300 g de purée de patate douce.

Cake à la carotte et à l'ananas
Ajoutez 1/2 ananas pelé et taillé en petits dés à la préparation. Vous pouvez utiliser de l'ananas au sirop.

Glaçage au fromage frais
Battez 150 g de fromage frais avec 100 g de mascarpone. Incorporez au fouet 3 gouttes d'extrait de vanille liquide et 400 g de sucre en poudre. Nappez le gâteau refroidi de ce glaçage.

CAKE À LA CAROTTE

Préparation : 20 min • **Cuisson** : 50 min • **Pour 10 personnes**

pour le gâteau : *275 g de carottes • 350 g de cassonade • 275 g de farine*
1 sachet de levure chimique • 3 c. à c. rase de cannelle en poudre
2 c. à c. rase de gingembre en poudre • 1 poignée de noisettes concassées
30 cl d'huile de tournesol • 4 œufs • 1 c. à c. d'extrait de vanille liquide
beurre pour le moule
pour la garniture : *100 g de mascarpone • 2 c. à s. de sucre glace*

- Préchauffez le four à 180 °C. Pelez les carottes, puis râpez-les.
- À l'aide d'un fouet à main, mélangez la cassonade, la farine, la levure, les épices et les noisettes concassées dans un saladier. Ajoutez l'huile et les carottes râpées, puis remuez. Incorporez les œufs un à un, en mélangeant bien entre chaque ajout. Ajoutez l'extrait de vanille et mélangez de nouveau.
- Beurrez un moule à cake. Versez-y la préparation. Faites cuire au four pendant 50 min environ. Pour vérifier la cuisson, piquez la lame d'un couteau dans le gâteau : elle doit ressortir sèche.
- Laissez refroidir pendant 20 min avant de démouler, puis coupez le gâteau en deux dans l'épaisseur.
- Mélangez le mascarpone et le sucre glace. Badigeonnez-en la partie coupée, puis reconstituez le gâteau. Réservez au réfrigérateur jusqu'au moment de servir.

CAKE AU CITRON ET AU ROMARIN

Préparation : 15 min • **Cuisson** : 50 min • **Pour 6 personnes**

140 g de beurre + supplément pour le moule • 3 œufs • 160 g de sucre
200 g de farine • 1 sachet de levure chimique • 2 citrons non traités
15 feuilles de romarin frais

- Préchauffez le four à 180 °C.
- Faites fondre le beurre dans une casserole.
- Dans un saladier, battez les œufs avec le sucre jusqu'à ce que le mélange blanchisse. Ajoutez peu à peu la farine et la levure tamisées, puis incorporez le beurre fondu. Lavez les citrons, prélevez le zeste de 1 citron et le jus des 2 citrons. Ajoutez-les à la préparation, incorporez les feuilles de romarin et mélangez.
- Beurrez un moule à cake et versez-y la préparation.
- Faites cuire au four pendant 50 min.
- Laissez refroidir avant de démouler.

Cake à l'huile d'olive et aux pignons de pin

Remplacez le beurre par 20 cl d'huile d'olive. Faites griller 70 g de pignons de pin à sec et ajoutez-les à la préparation.

Cake au citron et au pavot

Remplacez les feuilles de romarin par 1 c. à s. de graines de pavot.

Cake à l'orange et à la cannelle

Remplacez les citrons par 2 petites oranges, et le romarin par 1/2 c. à c. de cannelle en poudre. Ajoutez 1 c. à c. d'eau de fleur d'oranger à la préparation.

Cake au citron vert et au rhum

Remplacez les citrons jaunes par des citrons verts, et le romarin par 1 c. à s. de rhum ambré.

Pâte d'amandes maison
Mélangez 120 g de poudre d'amandes, 120 g de sucre glace et 3 gouttes d'essence d'amande amère. Incorporez 1 blanc d'œuf battu. Formez une boule ou un rouleau compact.

Cake aux airelles
Remplacez les canneberges par des airelles séchées. Le goût est plutôt acide, alors vous pouvez ajouter 25 g de sucre en poudre pour adoucir la préparation.

Cake aux canneberges et au sirop d'érable
Pour une version plus légère, supprimez la pâte d'amandes et ajoutez 2 c. à s. de sirop d'érable à la préparation.

Cake aux litchis et à la rose
Remplacez les canneberges par 250 g de litchis au sirop égouttés et coupés en deux. Supprimez le jus de pomme et la pâte d'amandes et ajoutez 1 c. à s. d'eau de rose à la préparation.

CAKE AUX CANNEBERGES ET À LA PÂTE D'AMANDES

Préparation : 20 min • **Cuisson :** 55 min • **Pour 6 personnes**

200 g de canneberges séchées • 10 cl de jus de pomme
125 g de beurre ramolli • 125 g de sucre en poudre • 3 œufs
5 cl de lait • 200 g de farine + supplément pour le plan de travail
1/2 sachet de levure chimique • 1 rouleau de pâte d'amandes
beurre pour le moule

- Faites tremper les canneberges dans le jus de pomme pendant 15 min. Préchauffez le four à 180 °C.

- Dans un saladier, mélangez au fouet le beurre avec le sucre jusqu'à l'obtention d'un mélange mousseux. Battez les œufs rapidement avec le lait, puis incorporez-les progressivement au mélange précédent, en remuant entre chaque ajout. Ajoutez la farine et la levure, puis mélangez bien. Égouttez les canneberges et ajoutez-les à la préparation. Mélangez.

- Travaillez la pâte d'amandes à la main sur le plan de travail fariné de façon à obtenir un boudin plus fin de la longueur de votre moule à cake.

- Beurrez le moule à cake et versez-y la moitié du mélange. Déposez le boudin de pâte d'amandes au centre, puis recouvrez du reste de préparation.

- Faites cuire pendant 15 min, puis baissez la température du four à 150 °C et prolongez la cuisson pendant 40 min.

- Laissez refroidir avant de démouler.

CAKE AUX FRUITS ROUGES ET AU LAIT DE COCO

Préparation : 20 min • **Cuisson** : 50 min • **Pour 8 personnes**

80 g de beurre demi-sel + supplément pour le moule • 2 gros œufs
20 cl de lait de coco • 250 g de farine • 1 sachet de levure chimique
120 g de sucre en poudre • 150 g de fruits rouges

- Préchauffez le four à 180 °C.
- Faites fondre le beurre dans une petite casserole.
- Dans une jatte, battez les œufs avec le lait de coco au fouet. Incorporez la farine, la levure, le sucre et le beurre fondu. Ajoutez les fruits rouges, mélangez bien.
- Beurrez un moule à cake et versez-y la préparation.
- Faites cuire au four pendant 50 min.
- Laissez refroidir avant de démouler.

Cake au lait d'amande
Remplacez le lait de coco par la même quantité de lait d'amande. Ajoutez 50 g d'amandes concassées à la préparation.

Cake au chocolat et à la noix de coco
Remplacez les fruits rouges par 120 g de pépites de chocolat. Remplacez 50 g de farine par 75 g de noix de coco râpée.

Cake à l'ananas et au lait de coco
Remplacez les fruits rouges par 1/2 ananas pelé et coupé en dés. Vous pouvez également utiliser de l'ananas au sirop. Ajoutez, éventuellement, 1 c. à s. de rhum ambré.

Cake aux framboises
Remplacez les fruits rouges mélangés par des framboises fraîches. Ajoutez, éventuellement, 1 c. à s. de liqueur de framboise.

CHARLOTTE AUX FRAISES ET AUX BISCUITS ROSES

Préparation : 1 h • **Cuisson** : aucune • **Repos** : 12 h • **Pour 6 personnes**

pour la charlotte : *6 feuilles de gélatine • 600 g de fraises*
le jus de 1 citron • 60 g de sucre en poudre
40 cl de crème liquide bien froide • 1 sachet de sucre vanillé
20 biscuits roses de Reims • glaçons
pour le sirop : *80 g de sucre • 1 c. à s. de liqueur de fraise*

- Faites tremper les feuilles de gélatine dans un bol d'eau froide. Lavez les fraises, équeutez-les et réservez-en 16. Mixez les autres en coulis avec le jus de citron. Passez-le à travers un chinois. Prélevez 1/4 de ce coulis et faites-le chauffer à feu doux dans une casserole avec la gélatine égouttée et le sucre. Retirez la casserole du feu. Ajoutez le reste de coulis et mélangez. Laissez tiédir.

- Fouettez la crème liquide en chantilly, puis incorporez le sucre vanillé. Mettez la casserole contenant le coulis dans un saladier rempli de glaçons. Faites épaissir en remuant avec une cuillère en bois. Retirez la casserole du saladier et incorporez délicatement la chantilly au coulis. Réservez à température ambiante.

- Pour le sirop, portez 15 cl d'eau à ébullition dans une casserole et ajoutez-y le sucre. Retirez du feu et laissez refroidir, puis versez la liqueur de fraise. Mélangez.

- Coupez les fraises réservées en deux. Passez les biscuits dans le sirop et tapissez-en le fond et les parois d'un moule à charlotte. Versez la moitié de la crème dans le moule, puis recouvrez de la moitié des demi-fraises. Couvrez du reste de crème et décorez avec les fraises restantes. Recouvrez de film alimentaire et laissez prendre au frais pendant 12 h avant de démouler.

Charlotte aux mûres

Remplacez les fraises par des mûres.

Charlotte au chocolat

Remplacez les biscuits roses par des biscuits à la cuillère. Mélangez délicatement 250 g de chocolat noir fondu et 4 blancs d'œufs battus en neige avec 50 g de sucre en poudre. Remplacez la crème et les fraises par cette mousse.

Charlotte à l'abricot

Remplacez le coulis de fraises par de la confiture d'abricots, et les fraises par des oreillons d'abricots au sirop. Supprimez la liqueur.

Tiramisu rose

Fouettez 250 g de mascarpone avec 2 c. à s. de sucre en poudre et 1 jaune d'œuf. Incorporez 1 blanc d'œuf battu en neige. Trempez quelques biscuits roses de Reims dans du jus de canneberge et tapissez-en le fond de 6 verrines. Recouvrez de mélange au mascarpone et garnissez de fraises. Réservez au réfrigérateur pendant 12 h.

Cheesecake au citron
Supprimez les violettes en sucre et ajoutez le jus et le zeste de 3 citrons.

Cheesecake aux spéculoos
Remplacez les petits-beurre par des spéculoos. Supprimez les violettes en sucre.
Ajoutez 1 c. à c. de cannelle et 1 c. à c. de vanille en poudre à la préparation.

Cheesecake à la rose et aux framboises
Remplacez les petits-beurre par des biscuits roses de Reims, et les violettes en sucre par des framboises fraîches.
Ajoutez 1 c. à c. d'eau de rose à la préparation.

Cheesecake au coquelicot confit
Remplacez les violettes en sucre par du coquelicot confit grossièrement haché.

CHEESECAKE À LA VIOLETTE

Préparation : 20 min • **Repos :** 1 h • **Cuisson :** 35 min • **Pour 6 personnes**

150 g de biscuits de type petits-beurre • 80 g de beurre • 4 œufs
500 g de ricotta • 100 g de violettes en sucre cristallisées
60 g de sucre en poudre

- Préchauffez le four à 180 °C.
- Mettez les biscuits et le beurre coupé en parcelles dans le bol d'un mixeur et mixez grossièrement.
- Tapissez le fond d'un moule à base amovible de ce mélange en pressant avec les doigts. Réservez au réfrigérateur pendant 1 h.
- Dans un saladier, battez les œufs avec la ricotta à l'aide d'un fouet électrique, jusqu'à ce que le mélange soit homogène.
- Mixez finement les violettes. Ajoutez-les à la préparation avec le sucre. Mélangez.
- Versez la préparation dans le moule, sur le fond de pâte.
- Faites cuire au four de 30 à 35 min.
- Laissez refroidir, puis laissez reposer au réfrigérateur pendant 2 h.

Cheesecake au kiwi et aux pistaches
Remplacez les cerises par 2 kiwis pelés et coupés en dés. Remplacez les raisins secs par des pistaches entières grossièrement hachées.

Cheesecake aux corn flakes
Remplacez la moitié des petits-beurre par des corn flakes, que vous incorporez entiers au mélange beurre-biscuits.

Cheesecake à l'ananas
Remplacez les cerises par de l'ananas frais. Remplacez le sucre glace par de la noix de coco râpée.

Coulis de framboise
Préparez un sirop avec 20 cl d'eau et 200 g de sucre. Mixez 500 g de framboises avec ce sirop. Passez au tamis, laissez refroidir et servez avec le cheesecake.

CHEESECAKE AUX RAISINS ET AUX CERISES

Préparation : 20 min • **Cuisson** : aucune • **Repos** : 5 h • **Pour 8 personnes**

175 g de biscuits de type petits-beurre • 50 g de beurre
2 sachets de gélatine en poudre • 3 c. à s. de jus d'orange
le jus de 1 citron • 350 g de fromage blanc • 1 yaourt nature
50 g de sucre en poudre • 50 g de raisins secs
110 g de cerises noires bien mûres • 2 c. à c. de sucre glace

- Mettez les biscuits et le beurre coupé en parcelles dans le bol d'un mixeur et mixez grossièrement.
- Tapissez le fond d'un moule à base amovible de ce mélange en pressant avec les doigts. Réservez au réfrigérateur pendant 1 h.
- Pendant ce temps, dissolvez la gélatine dans le jus d'orange. Mettez-la dans le bol du mixeur avec le jus de citron, le fromage blanc, le yaourt et le sucre. Versez le mélange dans un saladier et incorporez-y les raisins secs.
- Versez la préparation sur la base en biscuits et réservez au réfrigérateur pendant 2 h. Parsemez les cerises de sucre glace à travers un chinois, puis déposez-les sur le gâteau.
- Remettez au réfrigérateur et laissez prendre pendant encore 2 h.

Clafoutis aux abricots secs
Hors saison, remplacez les abricots frais par 12 abricots secs, que vous ferez cuire pendant 20 min avant utilisation, à l'eau bouillante, avec 2 c. à s. de rhum ambré.

Clafoutis aux pêches et aux amandes
Remplacez les abricots par 3 pêches, et les pistaches par des amandes effilées.

Clafoutis aux pommes
Remplacez les abricots par 3 pommes pelées, évidées et coupées en cubes. Ajoutez, éventuellement, 1/2 c. à c. de cannelle en poudre.

Flaugnarde aux poires
Répartissez 3 poires pelées et coupées en cubes au fond d'un moule à manqué beurré. Mélangez au fouet 3 œufs battus avec 60 g de sucre en poudre, puis 75 g de farine et enfin, 20 cl de lait. Versez sur les poires. Faites cuire au four préchauffé à 180 °C pendant 40 min. Laissez refroidir.

CLAFOUTIS AUX ABRICOTS ET AUX PISTACHES

Préparation : 15 min • **Cuisson** : 35 min • **Pour 4 personnes**

2 œufs • 50 g de farine • 50 g de sucre en poudre
15 cl de lait d'amande froid • beurre pour le moule
6 abricots frais • 70 g de pistaches concassées

- Préchauffez le four à 180 °C.
- Dans un saladier, battez les œufs au fouet avec la farine. Incorporez le sucre et le lait d'amande sans cesser de fouetter.
- Beurrez un moule à tarte et versez-y le mélange.
- Lavez les abricots, dénoyautez-les et coupez-les en quartiers. Répartissez-les sur la pâte. Parsemez le clafoutis de pistaches concassées.
- Faites cuire au four pendant 35 min.
- Laissez refroidir avant de déguster.

Clafoutis aux cerises et au mascarpone
Pour une texture plus onctueuse, remplacez 30 cl de lait par 250 g de mascarpone.

Clafoutis aux pruneaux
Remplacez les cerises par la même quantité de pruneaux dénoyautés.

Flan aux cerises
Mélangez 100 g de beurre fondu avec 100 g de sucre. Ajoutez 2 œufs et 50 g de poudre d'amandes. Foncez un moule à tarte de pâte brisée. Recouvrez du mélange et ajoutez 500 g de cerises dénoyautées. Faites cuire au four préchauffé à 190 °C pendant 40 min.

Clafoutis aux quetsches et aux spéculoos
Remplacez les cerises par la même quantité de quetsches dénoyautées et coupées en quatre. Parsemez-les de 5 spéculoos réduits en miettes avant de les recouvrir de l'appareil à clafoutis.

CLAFOUTIS AUX CERISES

Préparation : 15 min • **Cuisson :** 45 min • **Pour 6 personnes**

500 g de cerises • 60 g de farine • 100 g de sucre en poudre
3 œufs • 40 cl de lait froid • beurre pour le moule
2 c. à s. de sucre glace • sel

- Préchauffez le four à 180 °C.
- Lavez les cerises et équeutez-les, sans les dénoyauter. Égouttez-les soigneusement.
- Mélangez la farine, le sucre et 1 pincée de sel dans un saladier. Incorporez les œufs l'un après l'autre, puis versez le lait petit à petit.
- Beurrez un moule à tarte. Déposez-y les cerises et recouvrez-les de la préparation.
- Faites cuire au four pendant 45 min.
- Laissez refroidir avant de servir. Parsemez de sucre glace.

COULANT À LA CHÂTAIGNE

Préparation : 15 min • **Cuisson** : 40 min • **Pour 6 personnes**

450 g de crème de marrons • 150 g de fromage blanc • 4 œufs
3 c. à s. de farine de châtaigne • 1 c. à s. de poudre de cacao amer
1 c. à s. de rhum • beurre pour le moule

- Préchauffez le four à 180 °C.
- Dans un saladier, mélangez la crème de marrons et le fromage blanc au fouet.
- Séparez le blanc des jaunes d'œufs. Incorporez les jaunes d'œufs à la préparation.
- Ajoutez la farine de châtaigne tamisée avec le cacao, mélangez, puis versez le rhum.
- Montez les blancs d'œufs en neige ferme et incorporez-les délicatement au mélange.
- Beurrez un moule à manqué, puis versez-y la préparation.
- Faites cuire au four de 35 à 40 min. Le gâteau doit être coulant au centre.
- Dégustez tiède.

Coulant aux marrons glacés
Ajoutez 50 g de marrons glacés grossièrement hachés à la préparation. Gardez-en un peu pour la décoration.

Coulant à la châtaigne et au chocolat
Supprimez 150 g de crème de marrons et remplacez-la par 150 g de chocolat noir fondu.

Fondant express à la châtaigne
Mélangez 80 g de beurre demi-sel fondu et 450 g de crème de marrons au fouet. Ajoutez 4 jaunes d'œufs battus, puis 4 blancs d'œufs montés en neige. Versez dans un moule à manqué. Faites cuire au four préchauffé à 180 °C pendant 25 min. Laissez refroidir.

Faux quatre-quarts à la châtaigne
Mélangez 3 œufs, 180 g de farine, 180 g de beurre demi-sel, 100 g de crème de marrons et 80 g de sucre roux. Versez dans un moule à cake beurré et faites cuire au four préchauffé à 180 °C pendant 45 min.

Croustade flambée
Au moment de servir, arrosez la croustade tiède de 2 c. à s. d'armagnac et faites flamber sans attendre.

Croustade gersoise
Remplacez le beurre par la même quantité de graisse d'oie.

Croustade aux pommes
Remplacez les pruneaux par 4 pommes coupées en cubes et mises à compoter dans une casserole à feu doux pendant 20 min avec 2 c. à s. d'eau et 2 c. à s. de sucre en poudre.

Croustade à l'eau de fleur d'oranger
Ajoutez 2 c. à s. d'eau de fleur d'oranger dans le beurre fondu. Vous pouvez supprimer l'armagnac à cette étape.

CROUSTADE AUX PRUNEAUX

Préparation : 40 min • **Repos :** 4 h • **Cuisson :** 30 min • **Pour 6 personnes**

15 gros pruneaux • 10 cl d'armagnac • 500 g de farine + supplément pour le plan de travail • 1 œuf 200 g de sucre en poudre + supplément pour saupoudrer 10 cl d'huile • 120 g de beurre + supplément pour le moule • sel

- Faites tremper les pruneaux dans 5 cl d'armagnac pendant 2 h.
- Versez la farine et 1 pincée de sel dans un saladier, puis formez un puits. Ajoutez-y l'œuf et le sucre, puis mélangez en incorporant progressivement l'huile et 10 cl d'eau tiède. Travaillez la pâte à la main jusqu'à ce qu'elle soit souple et homogène. Formez une boule et laissez-la reposer à température ambiante pendant 2 h recouverte d'un torchon.
- Préchauffez le four à 210 °C. Faites fondre le beurre dans une casserole. Retirez du feu et ajoutez l'armagnac restant.
- Abaissez la pâte très finement au rouleau sur le plan de travail fariné. Elle ne doit pas être plus épaisse qu'une feuille de papier. Saupoudrez légèrement la pâte de sucre, puis badigeonnez-la du mélange beurre-armagnac à l'aide d'un pinceau à pâtisserie. Découpez la pâte en 6 morceaux de même taille.
- Beurrez une tourtière. Placez-y 3 abaisses de pâte en les faisant se chevaucher. Égouttez les pruneaux et posez-les par-dessus. Recouvrez avec les 3 abaisses de pâte restantes, en rabattant les bords de façon à bien enfermer les pruneaux.
- Faites cuire au four de 25 à 30 min, jusqu'à ce que la croustade soit bien dorée. Servez tiède.

Crumble aux poires
Remplacez les mûres par 2 poires pelées, débarrassées du cœur et coupées en cubes. Vous pouvez les faire compoter avec les pommes pendant 20 min avant de les mettre dans le moule.

Crumble aux petits-beurre
Remplacez les spéculoos par la même quantité de petits-beurre. Vous pouvez aussi utiliser des *digestive biscuits*, que l'on trouve au rayon britannique des supermarchés.

Crumble à la banane et au chocolat
Remplacez les mûres par 3 bananes pelées et coupées en rondelles. Remplacez les spéculoos par des sablés au chocolat.

Crumble aux abricots
Remplacez les mûres et les pommes par 10 abricots frais rincés, dénoyautés et coupés en quatre. Vous pouvez également utiliser des abricots au sirop égouttés.

CRUMBLE AUX MÛRES ET AUX SPÉCULOOS

Préparation : 15 min • **Cuisson** : 40 min • **Pour 4 personnes**

250 g de mûres • 2 petites pommes • 80 g de beurre + supplément pour le moule • 120 g de spéculoos • 80 g de farine

- Préchauffez le four à 180 °C.
- Rincez les mûres sous l'eau froide. Pelez les pommes, évidez-les et coupez-les en petits dés.
- Répartissez les fruits au fond d'un plat à four beurré.
- Pour la pâte à crumble, mixez grossièrement les spéculoos. Coupez le beurre en morceaux puis ajoutez-le dans le mixeur avec la farine. Mixez rapidement.
- Répartissez la pâte à crumble sur les fruits.
- Faites cuire de 35 à 40 min.
- Servez tiède.

CRUMBLE AUX MYRTILLES

Préparation : 15 min • **Cuisson** : 35 min • **Pour 4 personnes**

400 g de myrtilles fraîches • 100 g de beurre ramolli + supplément pour le moule • 125 g de farine 125 g de sucre en poudre

- Préchauffez le four à 180 °C.
- Rincez rapidement les myrtilles et égouttez-les.
- Coupez le beurre en parcelles.
- Dans un saladier, mélangez la farine et le sucre. Ajoutez le beurre et travaillez le mélange du bout des doigts jusqu'à ce que la pâte forme des miettes.
- Disposez les myrtilles au fond d'un plat à four beurré. Recouvrez de la pâte à crumble.
- Faites cuire au four pendant 35 min.
- Dégustez tiède.

Crumble aux griottes

Remplacez les myrtilles par la même quantité de griottes dénoyautées. Vous pouvez ajouter 1 c. à s. de kirsch sur les griottes avant de les recouvrir de pâte.

Crumble aux myrtilles et aux épices

Ajoutez 1/2 c. à c. de quatre-épices et 1/2 c. à c. de cannelle en poudre dans la pâte à crumble.

Crème fouettée à la vanille

Fouettez 25 cl de crème liquide bien froide. Dès qu'elle commence à monter, ajoutez-y les graines grattées de 1 gousse de vanille. Fouettez de nouveau, puis servez avec le crumble.

Glace au yaourt

Montez 20 cl de crème liquide entière en chantilly avec 100 g de sucre glace. Ajoutez 4 yaourts brassés nature et battez au fouet. Faites turbiner en sorbetière. Servez avec le crumble.

Far aromatisé
Vous pouvez ajouter à la préparation 1 c. à s. de rhum, ou 2 c. à s. de cidre, ou 2 c. à s. d'eau de fleur d'oranger.

Far aux pruneaux et aux raisins
Remplacez la moitié des pruneaux par 1 poignée de raisins secs, que vous ferez préalablement tremper dans du thé bien fort pendant 15 min.

Far aux pommes
Remplacez les pruneaux par 3 pommes pelées, évidées et coupées en lamelles.

Far aux fraises de Plougastel
Remplacez les pruneaux par 1 barquette de fraises de Plougastel équeutées et rincées.

FAR AUX PRUNEAUX

Préparation: 15 min • **Repos** : 1 h 30 • **Cuisson**: 30 min • **Pour 6 personnes**

200 g de farine + supplément pour les pruneaux
200 g de sucre en poudre • 2 sachets de sucre vanillé • 4 œufs
75 cl de lait • 20 pruneaux • beurre pour le plat

- Dans un saladier, mélangez la farine, le sucre, le sucre vanillé, les œufs et le lait à l'aide d'une spatule en bois. Laissez reposer pendant 1 h.
- Préchauffez le four à 200 °C.
- Passez rapidement les pruneaux dans de la farine.
- Beurrez généreusement le fond et les bords d'un plat à four. Versez la pâte dans le plat. Ajoutez-y les pruneaux.
- Faites cuire au four pendant 30 min.
- Éteignez le four et laissez reposer le gâteau à l'intérieur pendant encore 30 min. N'ouvrez pas la porte du four pendant tout ce temps.
- Laissez refroidir avant de servir.

Flan pâtissier à la vanille
Portez le lait à ébullition et ajoutez-y les graines grattées de 1 gousse de vanille. Retirez du feu et laissez infuser pendant quelques minutes avant d'incorporer à la préparation.

Flan pâtissier au chocolat
Remplacez 50 g de sucre en poudre par 75 g de chocolat noir, que vous ferez fondre avec le lait.

Flan pâtissier aux abricots
Répartissez 10 oreillons d'abricots au sirop égouttés et farinés sur la pâte avant d'ajouter la crème.

Flan pâtissier à la noix de coco
Remplacez 50 cl de lait par la même quantité de lait de coco. Ajoutez 100 g de noix de coco râpée à la préparation.

FLAN PÂTISSIER

Préparation : 20 min • **Cuisson** : 50 min • **Pour 8 personnes**

1 rouleau de pâte feuilletée • 100 g de Maïzena®
150 g de sucre en poudre • 3 œufs • 1 l de lait écrémé

- Préchauffez le four à 180 °C.
- Déroulez la pâte feuilletée et étalez-la au fond d'un moule à manqué. Piquez le fond avec une fourchette.
- Mettez la Maïzena® et le sucre dans un saladier. Formez un puits au centre. Ajoutez-y les œufs légèrement battus et mélangez. Incorporez ensuite le lait.
- Versez la préparation dans une casserole et faites chauffer à feu moyen. Laissez cuire pendant quelques minutes, en remuant à l'aide d'un fouet, jusqu'à ce que le mélange épaississe.
- Répartissez la crème sur la pâte feuilletée.
- Faites cuire au four pendant 40 min.
- Laissez refroidir complètement avant de déguster.

Fondant à l'orange sans gluten
Remplacez le beurre et la farine par 250 g de poudre d'amandes.

Fondant à l'armagnac
Ajoutez 1 c. à s. d'armagnac à la préparation.

Chantilly au chocolat blanc
Faites fondre 200 g de chocolat blanc à pâtisserie coupé en morceaux avec 40 cl de crème fleurette. Laissez refroidir au réfrigérateur pendant 3 h, puis montez en chantilly au fouet électrique. Servez avec le gâteau.

Glaçage à l'orange
Mélangez 150 g de sucre glace avec le jus de 1 grosse orange. Arrosez le gâteau de la moitié du glaçage dès la sortie du four. Laissez refroidir, puis nappez du reste de glaçage.

FONDANT À L'ORANGE

Préparation : 20 min • **Cuisson :** 30 min • **Pour 6 personnes**

120 g de beurre ramolli + supplément pour le moule
120 g de sucre en poudre • 2 œufs • 120 g de farine
1 c. à c. de levure chimique • le jus et le zeste de 2 oranges

- Préchauffez le four à 180 °C.
- Travaillez le beurre en pommade dans un saladier. Ajoutez-y progressivement le sucre en fouettant, puis incorporez les œufs l'un après l'autre, sans cesser de remuer. Ajoutez la farine et la levure, puis le jus et le zeste des oranges.
- Beurrez un moule à manqué et versez-y la préparation.
- Faites cuire au four pendant 30 min.
- Démoulez le gâteau dès la sortie du four et laissez refroidir complètement.

FONDANT AU CHOCOLAT

Préparation : 15 min • **Cuisson** : 30 min • **Pour 6 personnes**

200 g de chocolat noir à pâtisserie
150 g de beurre ramolli + supplément pour le moule
100 g de sucre en poudre • 3 œufs • 50 g de farine

- Préchauffez le four à 150 °C.
- Cassez le chocolat en morceaux et faites-le fondre au bain-marie.
- Dans un saladier, travaillez le beurre en pommade puis incorporez le sucre. Mélangez au fouet électrique jusqu'à ce que le mélange soit léger et mousseux.
- Ajoutez les œufs un à un, puis la farine, en remuant à l'aide d'une spatule en bois entre chaque ajout. Battez rapidement au fouet électrique pour obtenir une consistance bien homogène.
- Incorporez le chocolat fondu en remuant avec la spatule.
- Beurrez un moule à manqué, puis versez-y la préparation.
- Faites cuire au four de 25 à 30 min.
- Laissez refroidir complètement, puis réservez au réfrigérateur jusqu'au moment de servir.

Fondant à la cassonade et au piment

Pour un goût plus prononcé, remplacez le sucre en poudre par la même quantité de cassonade, et ajoutez 2 pincées de piment d'Espelette.

Fondant au chocolat au lait

Remplacez le chocolat noir par du chocolat au lait à pâtisserie. Vous pouvez utiliser du chocolat à la nougatine de type Toblerone®.

Fondant au chocolat et aux noisettes

Ajoutez 70 g de noisettes concassées à la préparation. Vous pouvez remplacer la moitié de la farine par de la poudre de noisettes.

Fondant au chocolat et à la menthe

Supprimez le sucre. Faites chauffer 200 g de lait concentré sucré, sans laisser bouillir. Hors du feu, ajoutez 10 feuilles de menthe et laissez infuser pendant 1 h avant d'ajouter à la préparation.

FONDANT AU CITRON ET AUX AMANDES

Préparation : 15 min • **Cuisson** : 40 min • **Pour 6 personnes**

4 œufs • 250 g de sucre en poudre • 200 g de poudre d'amandes
le zeste de 1 citron • le jus de 2 citrons • beurre pour le moule • sel

- Préchauffez le four à 180 °C.
- Séparez les blancs des jaunes d'œufs.
- Dans un saladier, battez le sucre et les jaunes d'œufs au fouet. Ajoutez la poudre d'amandes, le zeste et le jus de citron.
- Battez les blancs d'œufs en neige ferme avec 1 pincée de sel et incorporez-les délicatement au mélange.
- Beurrez un moule à manqué et versez-y la préparation.
- Faites cuire au four pendant 40 min.
- Laissez refroidir avant de démouler.

Fondant au citron et à la noix de coco
Remplacez la poudre d'amandes par 80 g de noix de coco râpée et 120 g de farine. Ajoutez, éventuellement, 10 cl de lait de coco.

Fondant à la banane
Remplacez la poudre d'amandes par 150 g de farine. Ajoutez la chair écrasée de 3 bananes. Supprimez le jus et le zeste de citron.

Fondant au citron et au gingembre
Ajoutez 1 cm de gingembre frais râpé à la préparation. Supprimez les amandes.

Glaçage au gingembre
Mélangez le jus de 1 citron, 20 g de sucre en poudre et 2 c. à s. de sirop de gingembre. Nappez le fondant de ce glaçage dès la sortie du four.

Galette à la cassonade
Remplacez le sucre en poudre par de la cassonade, au goût plus prononcé.

Galette à la mélasse et au gingembre
Remplacez le sucre en poudre par de la mélasse. Ajoutez 1/2 c. à c. de gingembre en poudre à la préparation.

Smoothie à l'ananas et aux framboises
Mettez 1/2 ananas coupé en dés, 100 g de framboises, 15 cl de jus de raisin, 15 cl d'eau et 6 glaçons dans un blender et mixez. Servez avec la galette.

Smoothie aux abricots et à la carotte
Mettez 6 abricots dénoyautés, 20 cl de jus de carotte et 40 cl de jus d'orange dans un blender et mixez. Servez avec la galette.

GALETTE AU SUCRE

Préparation : 25 min • **Repos** : 2 h • **Cuisson** : 15 min • **Pour 8 personnes**

1 sachet de levure de boulanger • *6 cl de lait tiède* • *250 g de farine*
1 œuf • *130 g de beurre + supplément pour le moule*
100 g de sucre en poudre • *sel*

- Dissolvez la levure dans le lait.
- Versez la farine et 1 pincée de sel dans un saladier. Faites un puits et incorporez l'œuf préalablement battu. Ajoutez la levure. Faites fondre 100 g de beurre et ajoutez-le à la pâte.
- Pétrissez la pâte à la main de 10 à 15 min, jusqu'à ce qu'elle soit souple et homogène. Laissez reposer pendant 2 h.
- Préchauffez le four à 210 °C.
- Beurrez un moule à tarte, puis étalez-y la pâte.
- Pour la garniture, saupoudrez la pâte de sucre, puis coupez le reste de beurre en parcelles et répartissez-le par-dessus.
- Faites cuire au four pendant 15 min environ.
- Servez tiède.

GALETTE FRANC-COMTOISE

Préparation : 15 min • **Cuisson** : 30 min • **Pour 8 personnes**

25 cl de lait • 80 g de beurre + supplément pour le moule
60 g de sucre en poudre • 150 g de farine
3 œufs + 1 jaune d'œuf pour dorer • 1 c. à s. d'eau de fleur d'oranger

- Préchauffez le four à 180 °C.
- Versez le lait, le beurre et le sucre dans une casserole. Portez à ébullition, puis retirez du feu.
- Incorporez la farine en une seule fois. Mélangez bien jusqu'à l'obtention d'une pâte homogène.
- Battez les œufs, puis incorporez-les à la préparation avec l'eau de fleur d'oranger.
- Beurrez un moule à tarte, puis étalez-y la pâte. Dorez-la au jaune d'œuf.
- Faites cuire au four pendant environ 25 min.
- Laissez refroidir complètement avant de déguster.

Galette à l'amande amère
Remplacez l'eau de fleur d'oranger par de l'extrait d'amande amère.

Galette à la liqueur de bergamote
Remplacez l'eau de fleur d'oranger par de la liqueur de bergamote. Si vous n'en trouvez pas, vous pouvez utiliser 10 cl de thé à la bergamote très fort.

Galette à l'eau de rose
Remplacez l'eau de fleur d'oranger par de l'eau de rose.

Chantilly à l'eau de fleur d'oranger
Battez au fouet 40 cl de crème fleurette très froide avec 1 c. à c. d'eau de fleur d'oranger et 4 c. à s. de sucre glace. Servez avec la galette.

GÂTEAU AU MILLET ET AU CASSIS

Préparation : 20 min • **Cuisson :** 40 min • **Pour 6 à 8 personnes**

200 g de millet • 1 l de lait • 1 pomme • 2 œufs • 80 g de sucre roux
100 g de cassis • beurre pour le moule

- Rincez le millet.
- Portez le lait à ébullition dans une casserole. Ajoutez le millet et faites-le cuire pendant 20 min environ, jusqu'à ce que tout le lait soit absorbé. Ajoutez-en un peu si la préparation accroche.
- Préchauffez le four à 180 °C.
- Pelez la pomme, évidez-la et coupez-la en dés. Ajoutez-les dans la casserole 5 min avant la fin de la cuisson. Retirez la casserole du feu et versez-y les œufs préalablement battus, le sucre et les cassis. Mélangez bien.
- Beurrez un moule à manqué, puis versez-y la préparation.
- Faites cuire au four de 15 à 20 min.
- Laissez refroidir avant de déguster.

Gâteau au millet et à l'avoine
Remplacez le lait par la même quantité de lait d'avoine. On en trouve dans les épiceries bio.

Gâteau au millet et au miel
Remplacez la moitié du sucre par 3 c. à s. de miel. Parsemez la préparation de 2 c. à s. de graines de sésame juste avant d'enfourner.

Gâteau au millet et à l'écorce d'orange
Remplacez les cassis par 100 g d'écorces d'orange confites coupées en dés.

Coulis de mangue
Mettez 1 mangue pelée et coupée en dés dans le bol d'un mixeur avec 50 g de yaourt brassé nature, 20 cl de crème liquide, 2 c. à s. de jus de citron et 100 g de sucre glace. Mixez en coulis. Servez avec le gâteau.

GÂTEAU AU YAOURT À LA VANILLE

Préparation : 15 min • **Cuisson :** 45 min • **Pour 6 à 8 personnes**

1 pot de yaourt à la vanille • 3 œufs • 180 g de sucre en poudre
375 g de farine • 1 sachet de levure chimique
3 c. à s. d'huile de tournesol • beurre pour le moule

- Préchauffez le four à 180 °C.
- Dans un saladier, mettez le yaourt, les œufs et le sucre, puis remuez bien à l'aide d'une spatule en bois. Incorporez la farine et la levure, puis l'huile. Mélangez.
- Beurrez un moule à manqué et versez-y la préparation.
- Faites cuire au four pendant 45 min.
- Laissez refroidir complètement avant de servir.

Gâteau au yaourt et aux amandes

Remplacez 100 g de farine par 100 g de poudre d'amandes. Ajoutez 1 c. à s. d'essence d'amande amère et parsemez la surface d'amandes effilées.

Gâteau au yaourt et aux graines d'anis

Ajoutez 3 c. à s. de graines d'anis à la préparation. Utilisez 1 yaourt nature.

Sauce au pain d'épice

Faites ramollir 6 tranches de pain d'épice émiettées avec un peu d'eau. Mixez-les avec 3 c. à s. de crème fraîche épaisse, puis faites chauffer pendant quelques minutes. Servez avec le gâteau.

Pâte à tartiner aux toffees

Mettez 25 toffees au chocolat et au caramel dans une casserole avec 50 g de chocolat au lait et 5 cl de crème liquide. Faites fondre, puis ajoutez 10 cl de lait concentré sucré et mélangez. Laissez refroidir. Servez avec le gâteau.

GÂTEAU AUX AMANDES ET AUX CERISES

Préparation : 20 min • **Cuisson** : 35 min • **Pour 6 personnes**

85 g de cerises • 225 g de farine • 1 sachet de levure chimique
115 g de crème légère • 25 g de sucre en poudre • 55 g d'amandes effilées
1 œuf • 17,5 cl de lait écrémé • 1 c. à c. d'essence d'amande amère
beurre pour le moule

- Préchauffez le four à 160 °C.
- Lavez les cerises, essuyez-les soigneusement, puis coupez-les en deux et dénoyautez-les.
- Tamisez la farine et la levure, puis mettez-les dans un saladier. Ajoutez la crème légère et le sucre, puis fouettez. Incorporez les amandes et les cerises.
- Dans un bol, battez l'œuf avec le lait et l'essence d'amande amère, puis incorporez-les progressivement au mélange précédent.
- Beurrez un plat carré ou rectangulaire et versez-y la préparation.
- Faites cuire au four pendant 35 min.
- Laissez refroidir, puis coupez le gâteau en rectangles.

Gâteau aux myrtilles
Remplacez les cerises par 75 g de myrtilles fraîches ou surgelées. Vous pouvez également utiliser des framboises.

Gâteau à la banane et au rhum
Remplacez les cerises par 1 banane écrasée. Remplacez l'essence d'amande amère par 1 c. à c. de rhum.

Gâteau aux noisettes et aux pommes
Remplacez la poudre d'amandes par de la poudre de noisettes, et les cerises par 1 pomme coupée en dés.

Milkshake aux amandes et aux cerises
Mixez 450 g de cerises dénoyautées avec 50 g de sucre en poudre, 4 c. à s. de poudre d'amandes et 30 cl de lait très froid. Ajoutez 4 c. à s. de crème fraîche. Servez froid, avec le gâteau.

Gâteau aux fruits secs et au miel
Remplacez la moitié du sucre par 3 c. à s. de miel liquide.

Gâteau aux abricots secs et aux noisettes
Remplacez les figues sèches par des abricots secs, et les noix par des noisettes.

Gâteau aux fruits exotiques séchés
Remplacez les figues et les raisins secs par de la mangue, de la papaye et de l'ananas séchés préalablement mis à tremper dans de l'eau.

Quatre-quarts aux fruits secs
Mélangez 3 œufs, 180 g de sucre en poudre, 180 g de farine et 180 g de beurre fondu. Ajoutez 200 g de fruits séchés (pruneaux, canneberges et poires préalablement mis à tremper dans de l'eau).

GÂTEAU AUX FRUITS SECS

Préparation : 15 min • **Cuisson :** 35 min • **Pour 8 personnes**

12 figues sèches • 375 g de farine • 100 g de sucre en poudre
1 sachet de levure chimique • 3 c. à s. de cannelle • 2 c. à c. de gingembre
1 pincée de noix muscade râpée • 1 pincée de poivre noir
150 g de raisins secs • 125 g de noix décortiquées • 1 œuf
20 cl de lait • beurre pour le moule

- Préchauffez le four à 240 °C.
- Coupez les figues en petits morceaux.
- Mélangez la farine, le sucre, la levure et les épices dans un saladier. Ajoutez les fruits secs et mélangez bien. Battez l'œuf avec le lait et ajoutez-les aux ingrédients secs. Mélangez de façon à obtenir une pâte très épaisse.
- Beurrez un moule à cake et versez-y la préparation.
- Faites cuire au four pendant 35 min.
- Laissez refroidir complètement avant de démouler.

GÂTEAU AUX POMMES ET AUX NOIX

Préparation : 20 min • **Cuisson** : 30 min • **Pour 6 personnes**

3 grosses pommes • 100 g de beurre + supplément pour le moule
120 g de miel • 200 g de farine • 1 sachet de levure chimique
4 œufs • 1 c. à s. de gingembre frais râpé • 100 g de cerneaux de noix

- Préchauffez le four à 180 °C.
- Pelez les pommes, évidez-les et coupez-les en dés.
- Faites fondre le beurre dans une casserole. Retirez du feu, puis ajoutez le miel. Mélangez.
- Versez ce mélange dans un saladier. Ajoutez la farine et la levure, puis incorporez les œufs. Ajoutez les dés de pommes, le gingembre et les noix.
- Beurrez un moule à manqué et versez-y la préparation.
- Faites cuire au four pendant environ 30 min.
- Laissez refroidir complètement avant de déguster.

Gâteau aux pommes caramélisées

Faites fondre 150 g de sucre en poudre, en remuant sans cesse. Retirez du feu dès qu'il est bien brun. Ajoutez les dés de pommes et enrobez-les de caramel, puis poursuivez la recette.

Gâteau aux poires et aux pignons de pin

Remplacez les pommes par des poires, et les noix par des pignons de pin grillés à sec.

Verrines aux pommes et aux noix

Faites un caramel à la poêle avec 50 g de sucre en poudre et 1 c. à s. d'eau. Ajoutez 3 pommes taillées en lamelles et faites-les fondre à feu doux. Répartissez dans 4 verrines 500 g de fromage blanc sucré, les pommes caramélisées et 30 g de cerneaux de noix.

Smoothie aux pommes et aux dattes

Mixez 1 banane pelée avec 4 dattes, 15 cl de jus de pomme et 4 glaçons. Servez avec le gâteau.

GÂTEAU BRETON

Préparation : 20 min • **Cuisson :** 50 min • **Pour 6 à 8 personnes**

250 g de sucre en poudre • 250 g de farine
250 g de beurre demi-sel + supplément pour le moule
6 jaunes d'œufs

- Préchauffez le four à 150 °C.
- Dans un saladier, mélangez le sucre et la farine. Coupez le beurre en petits morceaux et mettez-le dans le saladier.
- Émiettez la pâte du bout des doigts jusqu'à l'obtention d'un mélange sableux. Faites un puits au centre et ajoutez-y les jaunes d'œufs (réservez-en 1 c. à s. pour la dorure). Pétrissez la pâte à la main pendant 10 min, puis formez une boule épaisse.
- Beurrez un moule rond de 24 cm de diamètre. Abaissez-y la pâte à la main et lissez avec le dos de la main.
- Badigeonnez la surface avec le jaune d'œuf réservé. Dessinez des croisillons à l'aide d'une fourchette.
- Faites cuire au four pendant 50 min, en réduisant la température à 120 °C à mi-cuisson.
- Laissez refroidir avant de démouler.

Gâteau breton aromatisé
Ajoutez 2 c. à s. d'eau de fleur d'oranger à la préparation.

Gâteau breton aux cerises
Une fois le gâteau refroidi, coupez-le en deux dans l'épaisseur et garnissez-le de confiture de cerises.

Sauce à l'orange
Faites chauffer 60 cl de jus d'orange avec 3 c. à s. de miel. Ajoutez 3 c. à c. de Maïzena® délayée dans un peu d'eau et faites épaissir sur feu doux. Laissez refroidir et servez avec le gâteau.

Caramel au beurre salé
Faites fondre 12 morceaux de sucre avec 1 c. à s. d'eau et 15 g de beurre demi-sel. Portez à ébullition à feu moyen jusqu'à l'obtention d'un caramel roux. Ajoutez 3 c. à s. de lait et remuez sur feu doux jusqu'à l'obtention d'une crème homogène. Servez tiède, avec le gâteau.

GÂTEAU DE CRÊPES AU LEMON CURD

Préparation : 10 min • **Repos :** 3 h • **Cuisson :** 25 min • **Pour 8 personnes**

2 gros œufs • 150 g de farine • 30 cl de lait • 1 c. à s. d'huile de tournesol
1 c. à s. de sucre en poudre • le zeste de 1 citron • beurre pour la poêle
1 pot de lemon curd • sel

- Battez les œufs au fouet dans un saladier. Ajoutez la farine et incorporez le lait progressivement. Ajoutez 1 pincée de sel, l'huile, le sucre et le zeste de citron. Laissez reposer pendant 1 h au frais. Si la pâte semble trop épaisse, ajoutez un peu d'eau.
- Beurrez une poêle à crêpe et faites-la chauffer. Versez 1 louche de pâte dans la poêle et étalez-la bien. Faites cuire pendant 1 min, puis retournez la crêpe et poursuivez la cuisson pendant 30 sec. Préparez les autres crêpes de la même manière, en beurrant la poêle régulièrement.
- Mettez 1 crêpe sur un plat à tarte. Recouvrez-la de 1 couche de lemon curd. Placez 1 crêpe par-dessus, puis renouvelez l'opération jusqu'à épuisement des ingrédients, en terminant par 1 crêpe.
- Laissez reposer au réfrigérateur pendant 2 h. Coupez le gâteau en 8 parts et servez, avec un coulis de fruits rouges.

Gâteau de crêpes à la confiture

Remplacez le lemon curd par de la confiture de framboises. Vous pouvez également utiliser de la marmelade d'orange.

Gâteau de crêpes à la crème de marrons

Remplacez le lemon curd par de la crème de marrons. Parsemez le gâteau de brisures de marrons glacés.

Gâteau de crêpes aux pommes

Faites compoter 6 à 8 pommes à feu doux avec 30 g de sucre pendant 20 min. Mixez. Remplacez le lemon curd par cette compote. Arrosez le gâteau de caramel liquide.

Coulis de fruits rouges

Mettez 400 g de fruits rouges surgelés décongelés dans une casserole avec 5 cl d'eau et 50 de sucre. Faites cuire pendant 15 min à feu doux. Mixez, puis laissez refroidir et servez avec le gâteau.

GÂTEAU RENVERSÉ À L'ANANAS ET AU CITRON VERT

Préparation : 20 min • **Cuisson** : 30 min • **Pour 6 personnes**

15 morceaux de sucre • 1 petit ananas • 160 g de beurre ramolli
120 g de sucre en poudre • 3 œufs • 150 g de farine
1 sachet de levure chimique • le zeste de 1 citron vert
20 cl de jus d'orange • le jus de 1 citron vert

- Préchauffez le four à 180 °C.
- Préparez un caramel en faisant chauffer les morceaux de sucre dans une casserole avec un peu d'eau, jusqu'à ce qu'il soit bien doré. Versez-le dans un moule à manqué.
- Pelez l'ananas, puis coupez-le en rondelles. Retirez la partie dure au centre. Répartissez les tranches au fond du moule, sur le caramel.
- Travaillez le beurre en pommade dans un saladier à l'aide d'une spatule en bois. Ajoutez le sucre et mélangez jusqu'à ce que la préparation soit onctueuse. Incorporez les œufs un à un en remuant entre chaque ajout. Tamisez la farine avec la levure, puis incorporez-les progressivement à la préparation. Ajoutez le zeste de citron vert.
- Versez cette préparation dans le moule, sans déranger les morceaux. Faites cuire au four pendant 30 min.
- Laissez refroidir, puis démoulez le gâteau en le renversant sur un plat de service. Arrosez-le de jus d'orange et de citron vert.

Gâteau à l'ananas express
Pour une préparation rapide, utilisez des tranches d'ananas au sirop et du caramel tout prêt.

Gâteau léger à l'ananas
Coupez l'ananas pelé en dés et mettez-les au fond d'un moule. Mélangez 4 jaunes d'œufs avec 2 c. à s. d'édulcorant. Ajoutez 60 g de Maïzena®, puis 4 blancs d'œufs battus en neige. Versez dans le moule. Faites cuire au four préchauffé à 150 °C pendant 40 min. Servez tiède.

Glace à la noix de coco
Battez 20 cl de lait concentré sucré avec 40 cl de lait et 120 g de noix de coco râpée. Faites turbiner en sorbetière. Servez avec le gâteau.

Cocktail au rhum et à l'ananas
Mettez 4,5 cl de jus de citron, 6 cl de rhum blanc et 9 cl de jus d'ananas dans un shaker avec des glaçons. Frappez et servez avec le gâteau.

Gâteau renversé aux poires et à la cardamome
Remplacez le gingembre confit, le zeste de citron vert et le gingembre frais par 1 à 2 c. à c. de cardamome en poudre.

Gâteau renversé aux poires et au chocolat
Supprimez le zeste de citron. Faites fondre 100 g de chocolat noir à pâtisserie avec 15 cl de crème fleurette. Versez sur les poires avant d'ajouter la pâte.

Gâteau renversé aux pommes et à la cannelle
Remplacez les poires par des pommes. Supprimez le gingembre frais, le zeste de citron et le gingembre confit. Ajoutez 1 à 2 c. à c. de cannelle en poudre.

Tatin aux poires
Supprimez la pâte à gâteau. Mettez 4 ou 5 poires fraîches pelées et coupées en deux au fond d'un plat. Recouvrez de 1 rouleau de pâte brisée. Faites cuire au four préchauffé à 180 °C pendant 40 min.

GÂTEAU RENVERSÉ AUX POIRES ET AU GINGEMBRE

Préparation : 25 min • **Cuisson :** 50 min • **Pour 8 personnes**

100 g de cassonade • 1 grosse boîte de poires au sirop • 2 c. à s. de miel
100 g de beurre ramolli • 50 g de sucre en poudre • 130 g de farine
1/2 sachet de levure chimique • 2 œufs
1 c. à c. de gingembre frais haché finement
1 c. à c. de zeste de citron râpé • 1 c. à s. de gingembre confit • sel

- Préchauffez le four à 180 °C.
- Parsemez le fond d'un moule à manqué de 40 g de cassonade.
- Égouttez les poires en réservant 2 c. à s. de sirop. Coupez-les en lamelles et mettez-les dans un saladier. Arrosez-les du miel et du sirop réservé, et mélangez délicatement pour bien les enrober. Disposez les lamelles au fond du moule en formant un cercle.
- Dans un saladier, battez au fouet électrique le beurre, le sucre et le reste de cassonade. Tamisez la farine avec la levure et 1 pincée de sel au-dessus du saladier. Battez au fouet. Incorporez les œufs, le gingembre frais et le zeste de citron. Battez au fouet.
- Versez la pâte sur les poires.
- Faites cuire au centre du four pendant 50 min.
- Laissez refroidir, puis démoulez le gâteau en le renversant sur un plat de service.
- Émiettez le gingembre confit et parsemez-en le gâteau.

Génoise à la confiture
Remplacez l'orange curd par de la confiture d'abricots, de la marmelade d'oranges ou de la confiture de lait.

Génoise à l'abricot
Mélangez 4 abricots coupés en dés avec 30 cl de chantilly. Fourrez-en la génoise.

Génoise au green lemon curd
Faites chauffer le jus et le zeste de 4 citrons verts avec 150 g de sucre en poudre et 1 c. à s. de Maïzena®. Ajoutez 4 œufs battus et faites épaissir sur feu doux. Laissez refroidir, puis utilisez à la place de l'orange curd.

Génoise fourrée au praliné
Battez 25 cl de crème liquide très froide au fouet. Incorporez 1 sachet de sucre vanillé au fouet, puis 50 g de pralin à la spatule. Laissez refroidir, puis utilisez à la place de l'orange curd.

GÉNOISE À L'ORANGE CURD

Préparation : 20 min • **Cuisson :** 30 min • **Pour 6 personnes**

pour la génoise : 4 œufs • 125 g de sucre en poudre • 60 g de beurre + supplément pour le moule • 125 g de farine + supplément pour le moule
pour l'orange curd : le jus de 2 oranges • 30 g de sucre en poudre 1 œuf + 1 jaune • 1 c. à s. de Maïzena®

- Préchauffez le four à 210 °C. Dans une jatte allant au feu, battez les œufs avec le sucre jusqu'à ce que le mélange soit mousseux. Placez la jatte sur une casserole remplie d'eau bouillante et faites chauffer au bain-marie, à feu doux, en fouettant sans cesse jusqu'à ce que le mélange ait bien épaissi. Retirez la jatte du feu et battez jusqu'à ce que l'appareil ait refroidi.

- Faites fondre le beurre. Prélevez 1/3 de l'appareil et mélangez-le au beurre fondu. Tamisez la farine et ajoutez-la petit à petit dans la jatte en remuant, puis incorporez l'appareil au beurre. Mélangez délicatement jusqu'à ce que la préparation soit homogène.

- Beurrez un moule à manqué et saupoudrez-le de farine. Versez-y la préparation. Faites cuire au four pendant 25 min. Entrouvrez la porte du four à mi-cuisson.

- Pour l'orange curd, versez le jus d'orange dans une casserole avec le sucre et les œufs préalablement battus. Ajoutez la Maïzena® et faites chauffer à feu doux en remuant sans cesse jusqu'à ce que le mélange épaississe. Laissez refroidir.

- Laissez refroidir la génoise complètement, puis coupez-la en deux dans l'épaisseur. Badigeonnez la partie coupée d'orange curd, puis reconstituez la génoise et servez.

MARBRÉ AU CHOCOLAT ET À LA VANILLE

Préparation : 20 min • **Cuisson :** 45 min • **Pour 4 personnes**

125 g de beurre • 3 œufs • 200 g de sucre en poudre • 6 c. à s. de lait
200 g de farine • 1 sachet de levure chimique • 1 sachet de sucre vanillé
10 g de cacao en poudre

- Préchauffez le four à 180 °C.
- Faites fondre le beurre dans une casserole. Séparez les blancs des jaunes d'œufs.
- Versez le beurre fondu dans un saladier et mélangez-le avec le sucre à l'aide d'une cuillère en bois. Ajoutez les jaunes d'œufs, le lait, la farine et la levure. Remuez bien.
- Montez les blancs d'œufs en neige ferme, puis incorporez-les à la pâte.
- Séparez la pâte en deux parties, parfumez l'une avec le sucre vanillé, l'autre avec le cacao.
- Beurrez un moule à cake et versez-y la préparation en alternant les couches de pâte à la vanille et de pâte au cacao.
- Faites cuire au four pendant 40 min.
- Laissez refroidir complètement avant de démouler.

Marbré au chocolat et à l'orange
Remplacez le sucre vanillé par le zeste et le jus de 1 orange.

Marbré au chocolat et au thé matcha
Remplacez le sucre vanillé par 2 c. à c. de thé vert matcha en poudre.

Marbré au chocolat et à l'amande amère
Remplacez le sucre vanillé par 2 c. à s. d'essence d'amande amère.

Marbré italien
Utilisez un moule à manqué. Versez-y alternativement les deux pâtes cuillerée par cuillerée, en commençant au centre du moule.

Moelleux à l'eau de fleur d'oranger
Remplacez l'eau de rose par de l'eau de fleur d'oranger.

Moelleux aux framboises
Remplacez les pistaches par 200 g de framboises fraîches.

Glace à la pistache
Préparez une crème anglaise et incorporez-y 100 g de poudre de pistaches. Laissez refroidir et faites turbiner en sorbetière. Servez avec le gâteau.

Thé glacé à la rose et aux litchis
Faites infuser 2 c. à s. de thé à la rose et aux litchis dans 90 cl d'eau bouillante. Filtrez le liquide. Ajoutez 50 g de sucre en poudre et le jus de 1 boîte de litchis. Réservez au frais. Servez glacé, avec le gâteau.

MOELLEUX À L'EAU DE ROSE

Préparation : 15 min • **Cuisson :** 30 min • **Pour 8 personnes**

120 g de sucre en poudre • 250 g de poudre d'amandes
7 cl d'eau de rose • 7 cl de lait • 5 blancs d'œufs
50 g de pistaches émondées • beurre pour le moule

- Préchauffez le four à 180 °C.
- Dans un saladier, mélangez le sucre avec la poudre d'amandes. Ajoutez l'eau de rose et le lait. Montez les blancs d'œufs en neige ferme. Ajoutez-les délicatement à la préparation, puis incorporez les pistaches.
- Beurrez un moule à manqué, puis versez-y la pâte.
- Faites cuire au four pendant 30 min.
- Laissez refroidir avant de démouler.

Moelleux au chocolat et aux petits-beurre
Broyez grossièrement 15 petits-beurre, mélangez-les avec 40 g de beurre fondu et versez au fond du moule avant d'ajouter la pâte.

Cœur coulant à la pistache
Faites fondre 100 g de chocolat blanc avec 10 cl de crème liquide et 2 c. à c. de pâte de pistaches. Versez dans des bacs à glaçons et congelez. Répartissez la pâte à gâteau dans des ramequins, mettez 1 glaçon à la pistache au centre de chacun et faites cuire au four préchauffé à 200 °C de 12 à 15 min.

Moelleux au chocolat et au café
Ajoutez 1 c. à s. de café lyophilisé dilué dans 3 c. à s. d'eau bouillante. Supprimez les pistaches et le glaçage.

Glaçage au café
Dissolvez 1 c. à c. de café lyophilisé dans 1 c. à s. d'eau bouillante. Ajoutez 100 g de sucre glace et mélangez bien. Ajoutez un peu d'eau si le glaçage est trop sec. Utilisez à la place du glaçage à la pistache.

MOELLEUX AU CHOCOLAT ET AUX PISTACHES

Préparation : 35 min • **Cuisson :** 40 min • **Pour 8 personnes**

pour le moelleux : *200 g de chocolat noir • 2 c. à s. de lait*
5 œufs • 175 g de beurre + supplément pour le moule
175 g de sucre en poudre • 175 g de poudre d'amandes
40 g de farine • 175 g de pistaches concassées
pour le glaçage à la pistache : *200 g de sucre glace • le jus de 1 citron*
1 blanc d'œuf • 2 gouttes de colorant alimentaire vert

- Pour le moelleux, faites fondre le chocolat au bain-marie avec le lait. Séparez les blancs des jaunes d'œufs.
- Versez le chocolat fondu dans un saladier, puis ajoutez le beurre, le sucre, la poudre d'amandes, la farine, les jaunes d'œufs et 3 c. à s. d'eau chaude. Fouettez jusqu'à obtention d'une pâte lisse.
- Montez les blancs d'œufs en neige ferme, puis incorporez-les délicatement à la préparation au chocolat.
- Préchauffez le four à 180 °C.
- Beurrez un moule à cake, puis versez-y 1/3 de la préparation. Parsemez de la moitié des pistaches. Ajoutez 1/3 de préparation puis le reste des pistaches et, enfin, le reste de préparation.
- Faites cuire au four pendant 30 min. Laissez refroidir.
- Pour le glaçage, mélangez les ingrédients dans un bol. Tracez des motifs sur le gâteau et laissez prendre avant de servir.

MOELLEUX AU CITRON

Préparation : 15 min • **Cuisson** : 25 min • **Pour 6 à 8 personnes**

4 œufs • 80 g de beurre + supplément pour le moule
120 g de sucre en poudre • le jus et le zeste de 1 citron non traité
120 g de farine • 1 sachet de levure chimique
2 c. à s. de sucre glace • sel

- Préchauffez le four à 180 °C.
- Séparez les blancs des jaunes d'œufs. Faites fondre le beurre.
- Dans un saladier, battez les jaunes d'œufs avec le sucre jusqu'à ce que le mélange blanchisse. Ajoutez le jus de citron, le beurre fondu, la farine et la levure.
- Battez les blancs d'œufs en neige avec 1 pincée de sel. Incorporez-les délicatement à la préparation.
- Beurrez un moule carré et versez-y la pâte.
- Faites cuire au four pendant 20 min environ.
- Laissez refroidir le gâteau, puis saupoudrez-le de sucre glace.

Moelleux au pamplemousse
Remplacez le citron par 1 petit pamplemousse rose.

Moelleux au citron et au chocolat
Ajoutez 80 g de pépites de chocolat noir à la préparation. Vous pouvez également utiliser des pépites de chocolat blanc.

Moelleux au mascarpone et au limoncello
Remplacez le beurre et 1 œuf par 150 g de mascarpone. Ajoutez 2 c. à s. de limoncello à la préparation.

Citronnade
Versez le jus de 3 citrons et 80 g de sucre en poudre dans une carafe. Ajoutez 40 cl d'eau bouillante. Remuez, puis laissez refroidir au réfrigérateur pendant 2 h. Servez avec le gâteau.

Gâteau aux kakis
Remplacez le coing par 2 kakis bien mûrs. Ajoutez 25 g de sucre en poudre.

Gâteau oriental au coing
Remplacez le beurre par 5 cl d'huile d'olive. Ajoutez 1 yaourt brassé nature, 1 c. à c. de quatre-épices et le zeste de 1 citron à la préparation.

Gâteaux aux coings confits
Faites un sirop avec 50 cl d'eau, 50 g de sucre en poudre et 2 c. à s. de sirop de grenadine. Faites-y cuire 3 coings pelés et coupés en cubes de 20 à 25 min, à feu très doux. Remplacez le coing frais par les coings confits et arrosez-les de caramel liquide.

Tarte aux coings
Faites cuire 2 coings pelés et coupés en morceaux avec 50 g de sucre en poudre pendant 15 min. Foncez un moule à tarte avec de la pâte sablée. Nappez-la de 3 c. à s. de gelée de coing et garnissez des coings. Faites cuire au four préchauffé à 180 °C pendant 45 min.

MOELLEUX AU COING

Préparation : 15 min • **Cuisson** : 1 h • **Pour 6 à 8 personnes**

1 coing de 500 g • 100 g de beurre + supplément pour le moule
2 œufs • 80 g de sucre en poudre
75 g de farine de blé • 50 g de Maïzena®

- Pelez le coing, coupez-le en quatre et retirez le cœur. Mettez les quartiers dans une casserole. Couvrez d'eau et faites cuire à petits bouillons pendant 30 min. Égouttez le coing.
- Préchauffez le four à 180 °C.
- Faites fondre le beurre dans une petite casserole.
- Dans un saladier, mélangez les œufs et le sucre au fouet. Incorporez la farine, la Maïzena® et le beurre fondu. Ajoutez les morceaux de coing cuit.
- Beurrez un moule à manqué et versez-y la préparation.
- Faites cuire au four pendant 30 min.
- Laissez refroidir avant de démouler.

PAIN D'ÉPICE À LA CHÂTAIGNE

Préparation : 10 min • **Repos** : 30 min • **Cuisson** : 30 min • **Pour 6 personnes**

50 g de farine de blé • 200 g de farine de châtaigne
1 sachet de levure chimique • 250 g de miel • 20 cl de lait
1/2 c. à c. de cannelle en poudre • 1/2 c. à c. de gingembre en poudre
1/2 c. à c. d'anis vert • beurre pour le moule • 1 pincée de sel

- Préchauffez le four à 180 °C.
- Tamisez les farines et la levure, puis versez-les dans un saladier. Ajoutez le reste des ingrédients et mélangez bien.
- Beurrez un moule à cake et versez-y la préparation.
- Laissez reposer au réfrigérateur pendant 30 min.
- Faites cuire pendant environ 30 min.
- Laissez refroidir avant de démouler.

Pain d'épice à l'orange

Remplacez la farine de châtaigne par de la farine de blé, et le miel par de la marmelade d'oranges.

Fondue au pain d'épice

Faites fondre 200 g de chocolat noir à pâtisserie au bain-marie. Taillez le pain d'épice en bâtonnets, puis trempez-les dans le chocolat fondu.

Gratin de fruits rouges au pain d'épice

Battez 2 jaunes d'œufs avec 30 g de sucre en poudre. Incorporez 20 cl de crème liquide. Versez dans des moules individuels. Répartissez 250 g de fruits rouges dans les moules. Recouvrez de pain d'épice émietté et faites cuire au four préchauffé à 180 °C pendant 10 min.

Œufs à la coque et mouillettes de pain d'épice

Mettez 4 œufs dans une casserole d'eau froide et portez à ébullition. Retirez du feu dès les premiers bouillons. Faites griller des tranches de pain d'épice et coupez-les en bâtonnets. Servez avec les œufs.

Pompe aux pommes à la cannelle
Ajoutez 1 c. à c. de cannelle en poudre aux sucres avant d'en parsemer les pommes.

Pompe aux poires
Remplacez les pommes par des poires, et le sucre par de la cassonade. Ajoutez 1 pincée de cardamome en poudre à la préparation.

Pompe à la crème
Versez petit à petit 50 cl de lait bouillant agrémenté des graines de 1 gousse de vanille sur 80 g de Maïzena® en fouettant. Ajoutez 120 g de sucre en poudre et mélangez. Remplacez les pommes par cette crème.

Pompe au sirop d'érable et aux amandes
Remplacez les sucres par 4 c. à s. de sirop d'érable. Ajoutez 2 c. à s. d'amandes effilées sur les pommes.

POMPE AUX POMMES

Préparation : 20 min • **Cuisson :** 45 min • **Pour 6 personnes**

2 rouleaux de pâte feuilletée • 600 g de pommes
50 g de sucre en poudre • 1 sachet de sucre vanillé • 1 jaune d'œuf
2 c. à s. de sirop de sucre

- Préchauffez le four à 160 °C.
- Déroulez 1 rouleau de pâte feuilletée sur une plaque à pâtisserie recouverte de papier sulfurisé.
- Pelez les pommes, évidez-les, puis coupez-les en fines lamelles. Disposez-les sur la pâte en les faisant se chevaucher légèrement et en laissant une bordure de pâte sans garniture tout autour.
- Mélangez le sucre en poudre et le sucre vanillé dans un bol. Parsemez-en les pommes. Badigeonnez la bordure sans pâte de jaune d'œuf.
- Déroulez le deuxième rouleau de pâte feuilletée et recouvrez-en la garniture. Pressez sur les côtés pour souder les deux pâtes entre elles. Repliez la bordure sur la garniture. Badigeonnez la surface de la pompe d'œuf battu. Dessinez de légères striures sur le dessus.
- Faites cuire au four pendant 45 min.
- Dès la sortie du four, glacez la surface en la badigeonnant de sirop de sucre. Laissez refroidir avant de déguster.

QUATRE-QUARTS AUX PÊCHES

Préparation : 15 min • **Cuisson :** 45 min • **Pour 6 personnes**

180 g de beurre + supplément pour le moule • 3 œufs entiers
180 g de sucre en poudre • 1 sachet de sucre vanillé
180 g de farine • 3 pêches

- Préchauffez le four à 180 °C.
- Faites fondre le beurre dans une casserole à feu doux.
- Dans un saladier, battez les œufs et les sucres au fouet jusqu'à ce que le mélange blanchisse. Ajoutez le beurre fondu et mélangez. Incorporez la farine et mélangez de nouveau.
- Beurrez un moule à cake, puis versez-y la préparation.
- Pelez les pêches, coupez-les en quartiers et dénoyautez-les. Répartissez-les sur la pâte.
- Faites cuire au four pendant 40 min.
- Laissez refroidir avant de démouler.

Quatre-quarts aux bleuets

Remplacez les pêches par des bleuets (sorte de myrtilles).

Quatre-quarts aux noix et au sureau

Remplacez la moitié de la farine par 90 g de noix moulues. Remplacez les pêches par les baies de 2 ou 3 grappes de sureau.

Crème de cidre

Battez 6 jaunes d'œufs avec 150 g de sucre. Faites chauffer au bain-marie. Ajoutez 1 c. à s. de Maïzena®, puis 25 cl de cidre en filet, en remuant sans cesse jusqu'à ce que la crème épaississe. Laissez refroidir. Servez avec le quatre-quarts.

Quatre-quarts sans beurre

Remplacez le beurre par 10 cl de crème de soja, 50 g de purée d'amandes et 1 yaourt au soja nature.

Roulé tout chocolat

Ajoutez 2 c. à c. de cacao en poudre à la préparation pour obtenir une génoise couleur chocolat.

Roulé à la confiture de lait

Remplacez la pâte à tartiner par de la confiture de lait.

Pâte à tartiner maison

Faites fondre 50 g de chocolat au lait avec 15 g de beurre au bain-marie. Versez dans une casserole avec 20 cl de crème liquide et 60 g de poudre de noisettes. Faites chauffer à feu doux de 10 à 15 min en remuant. Passez au chinois, ajoutez 200 g de lait concentré sucré, 1 c. à c. de Maïzena® et 1 pincée de sel. Faites épaissir sur feu doux. Laissez refroidir.

Pâte à tartiner au Toblerone®

Faites fondre 100 g de Toblerone® avec 20 cl de crème liquide entière en remuant, sur feu doux. Ajoutez 50 g de beurre coupé en parcelles. Laissez prendre pendant 24 h.

ROULÉ À LA PÂTE À TARTINER

Préparation : 10 min • **Cuisson :** 12 min • **Pour 8 personnes**

4 œufs • 120 g de sucre en poudre • 140 g de farine
200 g de pâte à tartiner au chocolat • sel

- Préchauffez le four à 180 °C.
- Séparez les blancs des jaunes d'œufs.
- Dans un saladier, battez les jaunes d'œufs avec le sucre jusqu'à ce que le mélange blanchisse. Ajoutez la farine sans trop travailler la pâte.
- Battez les blancs d'œufs en neige avec 1 pincée de sel. Incorporez-les délicatement à la préparation.
- Étalez la pâte en un rectangle de 1 cm d'épaisseur sur une plaque à pâtisserie recouverte de papier sulfurisé.
- Faites cuire au four pendant 12 min.
- Démoulez le biscuit sur un torchon humide et roulez-le sans attendre. Laissez refroidir pendant quelques minutes.
- Déroulez le biscuit, nappez-le de pâte à tartiner, puis roulez-le de nouveau délicatement. Coupez les extrémités, puis déposez le gâteau sur un plat de service.

Miniroulés express aux myrtilles

Remplacez le gâteau par 1 génoise toute prête ou par du pain de mie sans croûte aplati au rouleau. Garnissez de confiture de myrtilles. Coupez en rondelles et servez.

Roulé au sésame et à l'orange

Ajoutez 2 c. à s. de graines de sésame à la préparation. Remplacez la gelée de cassis par de la marmelade d'oranges.

Roulés à l'abricot et à la noix de coco

Remplacez la gelée de cassis par de la confiture d'abricots. Supprimez le glaçage. Coupez le gâteau cuit et refroidi en rondelles. Badigeonnez-les de blanc d'œuf, puis passez-les dans de la noix de coco râpée.

Roulés feuilletés à la fraise

Badigeonnez 1 pâte feuilletée de confiture de fraises. Roulez-la puis congelez-la pendant 1 h. Coupez-la en rondelles. Faites-les cuire au four préchauffé à 180 °C pendant 20 min.

ROULÉ AU CASSIS

Préparation : 10 min • **Cuisson :** 12 min • **Pour 8 personnes**

pour le roulé : *4 œufs • 120 g de sucre en poudre • 140 g de farine 1 pot de gelée de cassis • sel*
pour le glaçage : *150 g de sucre glace • 3 c. à s. de crème de cassis*

- Préchauffez le four à 180 °C.
- Séparez les blancs des jaunes d'œufs.
- Dans un saladier, battez les jaunes d'œufs avec le sucre jusqu'à ce que le mélange blanchisse. Ajoutez la farine sans trop travailler la pâte.
- Battez les blancs d'œufs en neige avec 1 pincée de sel. Incorporez-les délicatement à la préparation.
- Étalez la pâte en un rectangle de 1 cm d'épaisseur sur une plaque à pâtisserie recouverte de papier sulfurisé.
- Faites cuire au four pendant 12 min.
- Démoulez le biscuit sur un torchon humide et roulez-le sans attendre. Laissez refroidir pendant quelques minutes.
- Pour le glaçage, mélangez le sucre glace et la crème de cassis. Déroulez le gâteau et glacez-le du glaçage au cassis en traçant des motifs à l'aide d'un pinceau à pâtisserie. Laissez prendre.
- Retournez délicatement le biscuit et nappez-le de gelée de cassis puis roulez-le de nouveau. Coupez les extrémités, puis déposez le gâteau sur un plat de service.

TARTE À LA BIÈRE

Préparation : 30 min • **Repos** : 1 h • **Cuisson** : 35 min • **Pour 6 personnes**

pour la pâte brisée : *1 c. à s. de lait • 10 g de sucre en poudre*
1 jaune d'œuf • 100 g de beurre ramolli • 125 g de farine
+ supplément pour le plan de travail • sel
pour la garniture : *130 g de cassonade • 30 g de beurre • 4 gros œufs*
20 cl de bière blonde • 2 c. à s. de crème fraîche

- Pour la pâte, mélangez le lait avec 1 pincée de sel, le sucre et le jaune d'œuf dans un saladier. Ajoutez le beurre coupé en morceaux et mélangez rapidement les ingrédients du bout des doigts. Incorporez progressivement la farine en pluie.

- Sur le plan de travail fariné, pétrissez la pâte avec la paume des mains pour amalgamer les ingrédients. Formez une boule. Enveloppez-la dans du film alimentaire et laissez reposer au réfrigérateur pendant 1 h.

- Préchauffez le four à 200 °C.

- Étalez la pâte au rouleau et foncez-en un moule à tarte. Piquez le fond avec une fourchette. Répartissez la cassonade sur le fond de tarte.

- Faites fondre le beurre dans une casserole. Battez les œufs au fouet dans un saladier. Incorporez la bière, le beurre fondu et la crème fraîche. Versez ce mélange sur la pâte à tarte.

- Faites cuire au four pendant environ 35 min.

- Laissez refroidir avant de déguster.

Tarte à la bière et à la cannelle
Ajoutez 1/2 c. à c. de cannelle en poudre à l'appareil à tarte en même temps que la farine.

Tarte au cidre
Remplacez la bière par du cidre brut. Vous pouvez ajouter 2 pommes coupées en dés à la préparation.

Granité à la bière
Mélangez 33 cl de bière rousse avec 115 g de sucre en poudre dans un récipient allant au froid. Laissez au congélateur pendant 4 h en grattant le mélange à la fourchette toutes les 30 min.

Crèmes brûlées à la bière
Faites chauffer 20 cl de lait, 80 g de crème fraîche épaisse et 7 cl de bière brune, sans laisser bouillir. Versez sur 6 jaunes d'œufs battus avec 100 g de sucre en poudre et mélangez. Répartissez dans des moules à crème brûlée et faites cuire au four préchauffé à 120 °C pendant 15 min. Saupoudrez de cassonade et brûlez la surface au chalumeau.

TARTE AMANDINE À LA RHUBARBE ROSE

Préparation : 40 min • **Repos** : 1 h 30 • **Cuisson** : 40 min • **Pour 6 personnes**

pour la pâte sablée : *125 g de farine • 75 g de beurre 20 g de sucre en poudre • 1 jaune d'œuf • sel*
pour la garniture : *500 g de rhubarbe rose • 1 pomme • 200 g de sucre en poudre • 80 g de beurre • 100 g de poudre d'amandes • 2 œufs*

- Pour la pâte, versez la farine et 1 pincée de sel sur le plan de travail. Posez le beurre coupé en morceaux par-dessus. Travaillez du bout des doigts : la texture doit être sableuse. Faites un puits et versez-y 1 c. à s. d'eau, le sucre et le jaune d'œuf. Mélangez du bout des doigts. Façonnez une boule, enveloppez-la dans du film alimentaire et laissez reposer au réfrigérateur pendant 1 h.
- Pour la garniture, épluchez la rhubarbe, puis détaillez-la en tronçons. Pelez la pomme, évidez-la et taillez-la en cubes. Mettez les fruits dans un saladier. Parsemez-les de 100 g de sucre et laissez macérer pendant 30 min.
- Préchauffez le four à 180 °C. Égouttez la rhubarbe, puis faites-la cuire à feux doux pendant 10 min, à découvert.
- Dans un saladier, mélangez le beurre, le reste de sucre et 80 g de poudre d'amandes. Ajoutez les œufs et mélangez jusqu'à ce que la préparation soit homogène.
- Étalez la pâte au rouleau et foncez-en un moule à tarte. Piquez le fond avec une fourchette. Parsemez-le du reste de poudre d'amandes. Garnissez le fond de tarte de la rhubarbe cuite, puis recouvrez du mélange à la poudre d'amandes.
- Faites cuire au four pendant 30 min. Laissez refroidir.

Tarte amandine express aux fruits rouges

Utilisez 1 rouleau de pâte brisée prêt à l'emploi et remplacez la rhubarbe par des fruits rouges surgelés.

Tarte noisettine aux griottes

Remplacez la rhubarbe par 500 g de griottes dénoyautées et cuites à feu doux avec un peu d'eau pendant 10 min. Remplacez la poudre d'amandes par de la poudre de noisettes.

Tarte à la rhubarbe et aux fraises

Supprimez la préparation à base de poudre d'amandes. Faites cuire la pâte à blanc, puis garnissez-la de rhubarbe cuite et de fraises fraîches équeutées et coupées en deux.

Chantilly à la fraise

Mixez 250 g de fraises équeutées et filtrez le coulis. Mélangez avec 100 g de sucre glace et le jus de 1/2 citron. Fouettez 250 g de crème fraîche entière très froide en chantilly, puis incorporez-y le coulis. Servez avec la tarte.

TARTE AU CHOCOLAT ET AUX AMANDES

Préparation : 30 min • **Repos :** 30 min • **Cuisson :** 55 min • **Pour 8 personnes**

pour la pâte : *60 g de farine blanche • 60 g de farine complète*
60 g de beurre • sel
pour la garniture : *2 œufs • 25 g de sucre en poudre • 20 cl de lait*
50 g de chocolat noir à pâtisserie • 3 gouttes d'extrait de vanille
2 c. à s. d'amandes effilées pour décorer

- Mettez les farines tamisées et 1 pincée de sel dans un saladier. Coupez le beurre en morceaux et incorporez-le en travaillant la pâte du bout des doigts jusqu'à ce qu'elle forme des miettes. Enveloppez-la dans du film alimentaire et laissez reposer pendant 30 min au réfrigérateur.

- Préchauffez le four à 180 °C. Étalez la pâte au rouleau et foncez-en un moule à tarte. Piquez le fond avec une fourchette. Recouvrez la pâte de haricots secs et faites-la cuire au four pendant 15 min à blanc. Laissez refroidir.

- Pour la garniture, battez les œufs et le sucre ensemble dans un saladier jusqu'à ce que le mélange soit mousseux.

- Versez le lait, le chocolat cassé en morceaux et l'extrait de vanille dans une petite casserole, et faites chauffer doucement, en remuant sans cesse, jusqu'à ce que le chocolat soit fondu. Ne laissez pas bouillir le lait.

- Incorporez le chocolat fondu au mélange précédent, puis versez-le sur la pâte. Parsemez la tarte des amandes effilées.

- Faites cuire au four de 30 à 40 min jusqu'à ce que la pâte soit dorée et que la garniture ait pris. Laissez refroidir avant de servir.

Tarte au chocolat et au piment
Supprimez les amandes. Parsemez la tarte de 1 c. à c. de piment d'Espelette juste avant d'enfourner.

Tarte au chocolat et aux poires
Remplacez les amandes par 2 poires pelées et coupées en quartiers.

Tarte au chocolat et aux bananes
Ajoutez 2 bananes pelées et coupées en rondelles à la préparation au chocolat.

Pâte au cacao et au pavot
Ajoutez 1 c. à c. de cacao en poudre et 1 c. à c. de graines de pavot à la pâte en même temps que les farines.

Tarte au citron et au combava
Ajoutez le zeste de 1 combava non traité à la crème au citron.

Tarte au citron meringuée aux chamallows®
Remplacez la meringue par une vingtaine de chamallows®. Passez sous le gril du four de 2 à 3 min.

Tarte au citron au lait concentré
Mélangez 40 cl de lait concentré sucré avec 2 œufs, le jus et le zeste de 3 citrons. Utilisez cette garniture au citron. Supprimez la meringue. Faites cuire pendant 20 min.

Tartelettes de shortbreads au citron
Mixez 200 g de shortbreads avec 100 g de beurre et 3 c. à s. d'eau tiède. Garnissez des moules à tartelettes beurrés de ce mélange. Laissez prendre au frais pendant 15 min. Garnissez les fonds de tartelettes de lemon curd.

TARTE AU CITRON MERINGUÉE

Préparation : 30 min • **Cuisson** : 30 min • **Pour 6 à 8 personnes**

1 rouleau de pâte sablée
pour la garniture : *2 c. à s. de Maïzena® • le jus et le zeste de 2 citrons*
75 g de sucre en poudre • 3 jaunes d'œufs
pour la meringue : *3 blancs d'œufs • 150 g de sucre glace • sel*

- Préchauffez le four à 180 °C.
- Déroulez la pâte et foncez-en un moule à tarte. Piquez le fond avec une fourchette. Recouvrez la pâte de haricots secs ou de riz et faites-la cuire au four pendant 15 min à blanc. Laissez refroidir.
- Pour la garniture, délayez la Maïzena® dans 5 cl d'eau. Versez le jus et le zeste de citron, le sucre et la Maïzena® dans une casserole. Portez à ébullition et laissez frémir de 2 à 3 min. Retirez du feu et ajoutez les jaunes d'œufs.
- Répartissez la crème sur le fond de tarte et faites cuire au four pendant 5 min.
- Pour la meringue, battez les blancs d'œufs en neige ferme avec 1 pincée de sel. Ajoutez le sucre glace petit à petit. À l'aide d'une poche à douille, répartissez la meringue sur la tarte et faites cuire de nouveau au four pendant 10 min.
- Laissez refroidir avant de déguster.

Tarte aux Carambars®
Remplacez les pralines roses par 20 Carambars®. Faites-les fondre à feu très doux avec la crème fraîche.

Tarte aux Daims®
Remplacez les pralines roses par 200 g de Daims®. Faites-les fondre à feu doux avec la crème fraîche. Ajoutez 1 c. à s. de Maïzena® hors du feu.

Muffins aux pralines roses
Battez 150 g de sucre en poudre avec 2 œufs. Incorporez 150 g de farine, 20 g de poudre d'amandes, 1 sachet de levure, 7 cl de lait et 100 g de pralines roses concassées. Versez la pâte dans des moules à muffins. Faites cuire au four pendant 25 min à 180 °C.

Chantilly aux fraises Tagada®
Faites fondre 100 g de fraises Tagada® avec 50 g de sucre en poudre et 10 cl de crème liquide sur feu moyen. Hors du feu, incorporez 15 cl de crème liquide et mélangez. Mettez dans un siphon. Servez très froid.

TARTE EXPRESS AUX PRALINES ROSES

Préparation : 10 min • **Cuisson :** 30 min • **Pour 6 personnes**

1 rouleau de pâte sablée • 250 g de pralines roses
250 g de crème fraîche

- Préchauffez le four à 180 °C.
- Déroulez la pâte et foncez-en un moule à tarte. Piquez le fond avec une fourchette. Recouvrez la pâte de haricots secs ou de riz et faites-la cuire au four de 15 à 20 min à blanc.
- Concassez les pralines roses et mixez-les.
- Faites chauffer la crème fraîche dans une casserole. Ajoutez-y les pralines et laissez cuire pendant 10 min à feu doux. Le mélange doit atteindre 110 °C.
- Versez le mélange sur le fond de tarte.
- Laissez refroidir avant de déguster.

Chaussons aux quetsches

Divisez la pâte feuilletée en 6 disques. Garnissez chacun de prunes et de crème. Repliez la pâte sur la garniture pour former des chaussons. Faites cuire au four pendant 35 min.

Tarte fine aux pommes

Remplacez les prunes par des pommes pelées, évidées et taillées en lamelles. Remplacez l'appareil à tarte par de la compote de pommes.

Glace au fromage blanc

Battez au fouet 15 cl de crème fraîche avec 100 g de sucre en poudre et 2 sachets de sucre vanillé. Incorporez 350 g de fromage blanc mélangé à 20 cl de lait. Faites turbiner en sorbetière. Servez avec la tarte.

Glace à l'amande

Faites chauffer 50 cl de lait entier, 30 cl de crème entière, 1 c. à c. de sucre en poudre, 2 c. à s. de miel et 120 g de pâte d'amandes. Réservez au frais pendant 4 h puis faites turbiner en sorbetière. Servez avec la tarte.

TARTE FINE AUX QUETSCHES

Préparation : 20 min • **Cuisson :** 25 min • **Pour 8 personnes**

650 g de quetsches • 1 rouleau de pâte feuilletée • 1 œuf
20 cl de crème fraîche • 40 g de poudre d'amandes
20 g de sucre en poudre • 1 sachet de sucre vanillé
1 c. à s. de sucre roux en poudre • 2 c. à s. d'amandes effilées

- Préchauffez le four à 180 °C.
- Lavez les quetsches, essuyez-les avec du papier absorbant, puis coupez-les en deux et dénoyautez-les.
- Étalez la pâte feuilletée sur une plaque à pâtisserie recouverte de papier sulfurisé. Piquez la pâte avec une fourchette.
- Dans un saladier, battez l'œuf, puis ajoutez la crème fraîche, la poudre d'amandes, le sucre en poudre et le sucre vanillé. Mélangez bien.
- Répartissez la crème aux amandes sur le fond de tarte en laissant une bordure sans crème tout autour. Déposez les demi-quetsches par-dessus. Saupoudrez de sucre roux et d'amandes.
- Faites cuire au four pendant 25 min.
- Laissez refroidir avant de déguster.

Tarte aux poires et à l'abricot

Remplacez l'appareil à tarte par 4 c. à s. de confiture d'abricots.

Tarte alsacienne aux pommes

Foncez un moule à tarte avec de la pâte brisée. Disposez 4 pommes pelées et coupées en lamelles par-dessus. Mélangez 100 g de sucre en poudre avec 25 cl de crème fraîche, 2 œufs et 1 sachet de sucre vanillé. Versez sur les pommes. Faites cuire au four préchauffé à 200 °C pendant 35 min.

Cocktail normand

Versez 2 cl de calvados, 4 cl de cidre, 1 pointe de miel liquide et des glaçons dans un shaker. Frappez puis versez dans un verre à cocktail. Servez avec la tarte.

Cidre à l'orange

Versez 10 cl de jus d'orange, 10 cl de cidre et 1 boule de sorbet à l'orange dans un verre à mélange et remuez bien. Servez avec la tarte.

TARTE NORMANDE AUX POIRES

Préparation : 30 min • **Repos** : 4 h • **Cuisson** : 30 min • **Pour 6 personnes**

pour la pâte sucrée : *75 g de beurre ramolli • 50 g de sucre glace • 15 g de poudre d'amandes • 1 œuf • 120 g de farine • sel*
pour la garniture : *3 jaunes d'œufs • 30 g de sucre en poudre • 20 cl de crème fraîche • 4 poires*

- Pour la pâte, coupez le beurre en morceaux. Mettez-le dans le bol du mixeur et mixez jusqu'à ce qu'il soit mousseux. Ajoutez le sucre glace, la poudre d'amandes, 1 pincée de sel, l'œuf et la farine tamisée. Mixez jusqu'à obtention d'une pâte souple.

- Façonnez une boule avec la pâte. Placez-la dans un saladier, recouvrez-la d'un torchon et laissez-la reposer au réfrigérateur pendant 4 h.

- Préchauffez le four à 180 °C.

- Dans un saladier, battez les jaunes d'œufs avec le sucre, puis incorporez la crème fraîche.

- Étalez la pâte au rouleau et foncez-en un moule à tarte. Piquez le fond avec une fourchette. Recouvrez la pâte de haricots secs ou de riz et faites-la cuire au four pendant 10 min à blanc.

- Pelez les poires, coupez-les en deux et retirez les pépins. Nappez le fond de tarte de l'appareil aux œufs et répartissez les demi-poires par-dessus.

- Faites cuire au four pendant 20 min. Laissez refroidir avant de déguster.

Tatin aux pommes, aux poires et aux noix
Remplacez la moitié des pommes par des poires. Parsemez les fruits de noix concassées.

Tatin aux mangues
Remplacez les pommes par 2 ou 3 mangues pelées et coupées en lamelles épaisses. Parsemez, éventuellement, de quelques feuilles de romarin.

Tatin aux fruits d'été et aux pistaches
Remplacez les pommes par 2 pêches et 6 abricots dénoyautés. Parsemez de pistaches concassées avant de couvrir de pâte feuilletée.

Tatin aux pommes et aux raisins secs
Remplacez 1/2 pomme par 1 poignée de raisins secs préalablement trempés dans du rhum. Remplacez le beurre et le sucre par du sirop d'érable ou du caramel au beurre salé prêt à l'emploi.

TATIN AUX POMMES

Préparation : 20 min • **Cuisson** : 1 h 30 • **Pour 8 personnes**

1,5 kg de pommes reinettes • le jus de 1/2 citron • 125 g de beurre
125 g de sucre en poudre • 1 sachet de sucre vanillé
1 rouleau de pâte sablée

- Pelez les pommes, coupez-les en deux, évidez-les, puis taillez-les en lamelles épaisses. Arrosez-les du jus de citron.

- Coupez le beurre en lamelles et répartissez-les au fond d'un plat rond en porcelaine ou en fonte émaillée, à bords hauts. Mélangez le sucre en poudre et le sucre vanillé et parsemez-en le plat. Placez les lamelles de pommes par-dessus en cercles concentriques bien serrés.

- Placez le plat sur feu doux et faites cuire à découvert pendant 1 h. Retirez le plat du feu et laissez refroidir pendant 30 min.

- Préchauffez le four à 200 °C.

- Déroulez la pâte sablée et déposez-la sur les pommes. Faites glisser les bords de la pâte le long des bords du plat. Faites cuire au four pendant 15 min, puis baissez la température à 180 °C et poursuivez la cuisson pendant encore 15 min.

- Sortez le plat du four. Posez aussitôt un plat de service à l'envers par-dessus et retournez l'ensemble. Retirez le plat à tarte. Servez chaud.

TOURTEAU FROMAGER

Préparation : 20 min • **Repos :** 30 min • **Cuisson :** 45 min • **Pour 4 personnes**

pour la pâte : *150 g de farine • 80 g de beurre • sel*
pour la garniture : *4 œufs • 200 g de faisselle • 100 g de sucre en poudre*
40 g de Maïzena® • 1 c. à c. de levure chimique
3 gouttes d'extrait de vanille liquide

- Mettez la farine, le beurre et 1 pincée de sel dans un saladier. Remuez à l'aide d'une spatule en bois jusqu'à obtention d'une pâte homogène. Ajoutez un peu d'eau si l'appareil est trop sec.
- Formez une boule, recouvrez-la d'un torchon et laissez reposer pendant 30 min.
- Préchauffez le four à 180 °C.
- Pour la garniture, séparez les blancs des jaunes d'œufs. Montez les blancs en neige ferme.
- Dans un autre saladier, mélangez la faisselle avec le sucre, puis ajoutez les jaunes d'œufs, la Maïzena®, la levure et l'extrait de vanille. Mélangez, puis incorporez délicatement les blancs en neige.
- Étalez la pâte au rouleau et foncez-en un moule rond en terre cuite. Piquez la pâte avec une fourchette. Versez la préparation au fromage dans le moule.
- Faites cuire au four pendant 45 min environ. Le dessus doit être bien brun.
- Laissez refroidir pendant quelques minutes avant de déguster.

Tourteau au cognac
Ajoutez 1 c. à s. de cognac à la préparation. Vous pouvez aussi utiliser de l'armagnac ou de l'eau de fleur d'oranger.

Tourteau à l'abricot
Ajoutez 5 abricots dénoyautés et coupés en deux à la préparation.

Minitourteaux fromagers
Garnissez les alvéoles d'un moule à muffins de la préparation. Faites cuire au four préchauffé à 210 °C pendant 20 min.

Crème au pamplemousse
Battez 6 jaunes d'œufs avec 200 g de sucre en poudre dans une casserole. Ajoutez le jus de 2 pamplemousses. Faites épaissir sur feu doux, sans laisser bouillir. Hors du feu, ajoutez 180 g de beurre coupé en dés et fouettez. Laissez refroidir. Servez avec le tourteau.

Tourte d'automne
Remplacez les cerises par 2 pommes, 2 poires et 1 coing pelés et coupés en dés.

Tourte aux pruneaux
Remplacez les cerises par 200 g de pruneaux hachés et 2 pommes pelées coupées en dés. Faites-les revenir à la poêle avec un peu de beurre et flambez à l'armagnac avant d'en garnir la pâte.

Tourte sucrée aux bettes
Remplacez les cerises par 500 g de côtes de bettes émincées puis cuites à l'eau. Ajoutez 2 pommes pelées coupées en dés.

Tourte sucrée aux bettes de fête
Reprenez la recette ci-dessus en ajoutant 1 c. à s. de raisins secs trempés dans du rhum, 1 c. à s. de pignons de pin et 1 c. à s. de noisettes concassées à la préparation.

TOURTE AUX CERISES

Préparation: 40 min • **Cuisson**: 30 min • **Pour 6 personnes**

2 rouleaux de pâte feuilletée • 500 g de cerises • 150 g de sucre en poudre + 2 c. à s. pour saupoudrer • 2 c. à s. de kirsch • 1 jaune d'œuf pour dorer

- Préchauffez le four à 210 °C.
- Déroulez 1 rouleau de pâte et foncez-en un moule à tarte. Piquez le fond avec une fourchette.
- Lavez les cerises, équeutez-les et dénoyautez-les. Essuyez-les avec du papier absorbant puis disposez-les sur le fond de tarte. Parsemez-les de sucre, puis arrosez-les de kirsch.
- Déroulez le deuxième rouleau de pâte feuilletée et déposez-le sur les cerises. Pressez légèrement les bords pour bien souder les pâtes ensemble.
- Badigeonnez la tourte de jaune d'œuf à l'aide d'un pinceau à pâtisserie.
- Faites cuire au four pendant 30 min.
- Laissez refroidir pendant quelques minutes, puis saupoudrez la tourte du reste de sucre en poudre et dégustez tiède.

GÂTEAUX DE FÊTE

BISCUITS DE NOËL

Préparation : 25 min • **Repos** : 1 h • **Cuisson** : 10 min • **Pour 15 gâteaux**

pour les biscuits *: 250 g de farine • 1/2 sachet de levure chimique*
80 g de sucre glace • le zeste et le jus de 1 citron
1 jaune d'œuf • 100 g de beurre ramolli • sel
pour le glaçage *: 2 c. à s. de jus de citron • 200 g de sucre glace*
pour la décoration *: billes en sucre argentées*

- Pour les biscuits, mettez la farine, la levure et 1 pincée de sel dans un saladier. Creusez un puits au centre. Versez-y le sucre glace, le zeste de citron et 2 c. à s. du jus de citron. Ajoutez le jaune d'œuf et mélangez avec une partie de la farine. Coupez le beurre en morceaux et ajoutez-les à la préparation.

- Pétrissez la pâte, puis formez une boule. Recouvrez-la d'un torchon et laissez reposer au réfrigérateur pendant 1 h.

- Préchauffez le four à 160 °C.

- Abaissez la pâte au rouleau et découpez des sapins, des anges et des ânes à l'aide de différents emporte-pièce. Déposez les biscuits sur une plaque à pâtisserie recouverte de papier sulfurisé.

- Faites cuire au four pendant 10 min, puis laissez refroidir sur une grille.

- Pour le glaçage, mélangez le jus de citron et le sucre glace. Remuez jusqu'à ce que le mélange soit brillant, puis badigeonnez-en les biscuits à l'aide d'un pinceau.

- Ornez les biscuits de billes en sucre et laissez sécher avant de déguster.

Biscuits de Noël à l'orange

Remplacez le zeste et le jus de citron par ceux de 1 orange. Utilisez du jus d'orange pour le glaçage.

Glaçage au chocolat blanc

Faites fondre 100 g de chocolat blanc au bain-marie. Ajoutez 40 g de sucre glace. Nappez les biscuits de ce glaçage.

Orangettes de Noël

Coupez la peau de 2 oranges en fines tranches. Faites-les blanchir quatre fois à l'eau bouillante. Faites chauffer 20 cl d'eau avec 150 g de sucre en poudre et ajoutez-y les écorces. Retirez à l'aide d'une écumoire, laissez sécher, puis trempez dans du chocolat fondu.

Boules de fruits secs de Noël

Mixez 100 g de pruneaux, 100 g d'abricots secs, 100 g de figues, 50 g d'écorces d'orange confites et 50 g de citron confit. Formez des boulettes avec la pâte.

BOMBE GLACÉE DE NOËL

Préparation : 25 min • **Cuisson :** aucune • **Pour 10 personnes**

2 l de glace à la vanille • 100 g de spéculoos • 1 l de glace au chocolat
50 g de cerises confites • 25 cl de crème fraîche
50 cl de glace au caramel • 50 g de chocolat noir à pâtisserie
billes de sucre argentées

- Prélevez 1,2 l de glace à la vanille et tapissez-en le fond et les côtés d'un saladier, en une couche uniforme, à l'aide d'une cuillère en métal ou avec les mains. Placez sans attendre au congélateur pour que la glace se solidifie bien.

- Pour la deuxième couche, écrasez grossièrement les spéculoos et mélangez-les à la glace au chocolat. Dès que la couche de glace à la vanille a bien pris, recouvrez-la d'une couche de glace au chocolat et aux spéculoos. Lissez le fond et les bords, puis remettez le saladier au congélateur.

- Pour la troisième couche, mélangez le reste de glace à la vanille avec les cerises confites coupées en morceaux. Dès que la couche de glace au chocolat a pris, recouvrez-la d'une couche de glace à la vanille et aux cerises. Lissez le fond et les bords, puis remettez le saladier au congélateur.

- Pour la couche du milieu, fouettez la crème fraîche. Mélangez-la avec la glace au caramel. Garnissez le centre de la bombe de cette préparation. Couvrez de film alimentaire et laissez au congélateur jusqu'au moment de servir.

- Faites fondre le chocolat et laissez-le refroidir. Sortez la bombe du congélateur, démoulez-la, puis nappez-la de chocolat fondu. Décorez de billes de sucre et servez.

Bombe aux fruits confits
Remplacez les spéculoos par 75 g de fruits confits mélangés coupés en morceaux et 50 g de noix de pécan grillées.

Bombe aux biscuits à la cuillère
Remplacez les spéculoos par des biscuits à la cuillère émiettés.

Bombe au caramel au beurre salé
Faites caraméliser 15 morceaux de sucre avec 10 cl d'eau sur feu vif. Retirez du feu, puis ajoutez 35 g de beurre demi-sel. Mélangez, remettez sur feu doux et incorporez 4 c. à s. de crème fraîche épaisse. Laissez refroidir et nappez la bombe de ce caramel à la place du chocolat fondu.

Bombe au rhum et aux raisins
Remplacez la deuxième couche de glace à la vanille par une couche de glace au rhum et aux raisins.

BÛCHE À LA CRÈME AUX ÉPICES

Préparation : 30 min • **Cuisson** : 15 min • **Pour 8 personnes**

***pour le biscuit** : 4 œufs • 120 g de sucre en poudre*
140 g de farine • sel
***pour la crème aux épices** : 30 g de Maïzena® • 30 cl de lait*
+ 3 c. à s. pour la crème • 3 jaunes d'œufs • 80 g de sucre en poudre
1 c. à c. de quatre-épices • 3 c. à s. de sucre glace

- Pour le biscuit, préchauffez le four à 180 °C.
- Dans un saladier, battez les jaunes d'œufs avec le sucre jusqu'à ce que le mélange blanchisse. Ajoutez la farine sans trop travailler la pâte. Battez les blancs d'œufs en neige avec 1 pincée de sel. Incorporez-les délicatement à la préparation.
- Étalez la pâte en un rectangle de 1 cm d'épaisseur sur une plaque à pâtisserie recouverte de papier sulfurisé. Faites cuire au four pendant 12 min.
- Démoulez le biscuit sur un torchon humide et roulez-le sans attendre. Laissez refroidir.
- Pour la crème, délayez la Maïzena® dans 3 c. à s. de lait froid. Faites bouillir le reste de lait. Dans un saladier, battez les jaunes d'œufs avec le sucre et le quatre-épices. Incorporez la Maïzena®, puis le lait bouillant en fouettant sans cesse. Remettez le tout dans la casserole et portez à ébullition, puis laissez frémir pendant 3 min, à feu doux, en remuant, jusqu'à ce que la préparation épaississe.
- Déroulez le biscuit, nappez-le de crème, puis roulez-le délicatement. Coupez les extrémités. Saupoudrez le gâteau de sucre glace. Réservez au réfrigérateur jusqu'au moment de servir.

Bûche aux épices et au gingembre confit
Hachez grossièrement 6 morceaux de gingembre confit et parsemez-en le gâteau.

Bûche au pain d'épice
Pour la crème, mélangez 30 cl de crème pâtissière prête à l'emploi avec 3 tranches de pain d'épice mixées.

Bûche à la crème au beurre
Travaillez 200 g de beurre en pommade, puis incorporez-y 180 g de sucre glace tamisé. Ajoutez 1 c. à c. de cacao amer et mélangez. Garnissez le biscuit de cette crème.

Bûche au moka
Fouettez 3 jaunes d'œufs avec 75 g de sucre en poudre. Faites bouillir 30 cl de lait avec 1/2 c. à c. d'extrait de vanille et 2 c. à c. de café lyophilisé. Mélangez les deux préparations au fouet. Remettez dans la casserole, ajoutez 20 g de Maïzena® délayée dans du lait et faites chauffer à feu doux, en remuant. Garnissez le biscuit de cette crème.

Bûche au chocolat et aux marrons glacés
Parsemez la bûche glacée de brisures de marrons glacés.

Bûche au chocolat blanc
Fouettez 20 cl de crème liquide entière. Incorporez-y 2 blancs d'œufs battus en neige, puis 200 g de chocolat blanc fondu. Mélangez délicatement. Garnissez la bûche de ce mélange.

Bûche à la crème de marrons
Remplacez la mousse au chocolat par le contenu de 1 pot de crème de marrons battue au fouet avec 20 cl de crème fleurette.

Bûche au praliné
Préparez une crème pâtissière, puis ajoutez-y 1 sachet de praliné. Mélangez bien. Garnissez la bûche de cette crème.

BÛCHE AU CHOCOLAT

Préparation : 30 min • **Repos** : 1 h • **Cuisson** : 20 min • **Pour 8 personnes**

***pour le biscuit** : 4 œufs • 120 g de sucre en poudre • 140 g de farine • sel*
***pour la mousse au chocolat** : 3 œufs*
130 g de chocolat noir • 50 g de sucre en poudre
***pour le glaçage** : 100 g de chocolat noir • 50 g de crème liquide*

- Préchauffez le four à 180 °C.
- Pour le biscuit, séparez les blancs des jaunes d'œufs. Montez les blancs en neige avec 1 pincée de sel. Battez les jaunes d'œufs avec le sucre dans un saladier jusqu'à ce que le mélange blanchisse. Ajoutez la farine, puis incorporez les blancs en neige.
- Versez la pâte sur une plaque à pâtisserie recouverte de papier sulfurisé. Faites cuire au four pendant 12 min.
- Démoulez le biscuit sur un torchon légèrement humidifié et roulez-le immédiatement. Laissez refroidir.
- Préparez la mousse. Séparez les blancs des jaunes d'œufs. Battez les blancs en neige ferme. Coupez le chocolat en morceaux et faites-le fondre au bain-marie. Battez les jaunes avec le sucre dans un saladier jusqu'à ce que le mélange blanchisse. Ajoutez le chocolat fondu, puis incorporez délicatement les blancs en neige. Réservez au réfrigérateur pendant 1 h.
- Déroulez le biscuit, nappez-le de mousse au chocolat et roulez-le délicatement. Coupez les extrémités.
- Pour le glaçage, faites fondre le chocolat avec la crème liquide, au bain-marie. Badigeonnez la bûche de ce mélange. Placez-la sur un plat de service et réservez-la au réfrigérateur.

Crème chiboust à la fève tonka
Râpez 1/2 fève tonka et ajoutez-la à la crème chiboust en même temps que les feuilles de gélatine.

Crème chiboust à l'orange
Remplacez les fruits de la Passion par le jus de 3 oranges et le zeste de 1 orange. Ajoutez 2 c. à s. de liqueur de poire.

Bûche à l'ananas caramélisé
Faites chauffer 1 ananas pelé et coupé en dés à la poêle avec 2 c. à s. de sucre en poudre. Mélangez et retirez du feu dès que l'ananas est caramélisé. Laissez refroidir, puis incorporez à la crème, à la place des fruits de la Passion.

Coulis de fruits exotiques
Coupez 100 g de mangue, 100 g de banane, 100 g d'ananas et 100 g de goyave en dés. Faites cuire à feu doux avec le jus de 1 citron, 100 g de sucre en poudre et 3 c. à s. d'eau. Mixez, puis laissez refroidir. Servez avec la bûche.

BÛCHE AUX FRUITS DE LA PASSION

Préparation : 45 min • **Cuisson :** 20 min • **Pour 8 personnes**

pour le biscuit : *4 gros œufs • 120 g de sucre en poudre*
120 g de farine • sucre glace • sel
pour la crème chiboust : *3 petites feuilles de gélatine*
20 g de Maïzena® • 15 cl de lait • 1 gousse de vanille • 2 jaunes d'œufs
100 g de sucre en poudre • 2 blancs d'œufs • 2 fruits de la Passion

- Préchauffez le four à 180 °C. Pour le biscuit, faites chauffer les œufs et le sucre dans une jatte au bain-marie, en battant au fouet électrique. Hors du feu, incorporez la farine tamisée et 1 pincée de sel, en soulevant le mélange à l'aide d'une spatule. Versez la pâte sur une plaque à pâtisserie recouverte de papier sulfurisé. Faites cuire au four pendant 10 min. Démoulez le biscuit sur un torchon humide et roulez-le. Laissez refroidir.

- Pour la crème, faites tremper les feuilles de gélatine dans de l'eau froide. Délayez la Maïzena® dans 1 c. à s. de lait froid. Faites bouillir le reste de lait avec la gousse de vanille. Dans une jatte, battez les jaunes d'œufs avec 40 g de sucre. Incorporez la Maïzena®, puis le lait bouillant, sans cesser de fouetter. Versez la préparation dans une casserole et portez à ébullition, puis laissez frémir pendant 3 min à feu doux, sans cesser de remuer, jusqu'à ce que la préparation épaississe. Retirez du feu et incorporez les feuilles de gélatine essorées. Battez les blancs d'œufs en neige avec le reste de sucre. Incorporez-les à la crème à l'aide d'une spatule. Incorporez la pulpe des fruits de la Passion.

- Déroulez le biscuit et nappez-le de crème chiboust. Laissez durcir pendant quelques minutes, puis roulez de nouveau délicatement le biscuit. Coupez les extrémités, saupoudrez de sucre glace et réservez au frais jusqu'au moment de servir.

CAKE AUX FRUITS CONFITS DE NOËL

Préparation : 20 min • **Macération :** 2 h • **Repos :** 24 h
Cuisson : 1 h 20 • **Pour 6 personnes**

100 g de raisins secs • 150 g de fruits confits mélangés • 1 c. à s. de rhum
120 g de beurre + supplément pour le moule • 120 g de sucre en poudre
3 œufs • 180 g de farine • 1 sachet de levure chimique
50 g d'amandes entières + supplément pour la décoration • sel

- Faites macérer les raisins et les fruits confits dans le rhum pendant au moins 2 h.
- Préchauffez le four à 180 °C.
- Dans un saladier, travaillez le beurre en pommade. Ajoutez-y le sucre et battez au fouet jusqu'à ce que le mélange devienne clair et mousseux. Incorporez les œufs l'un après l'autre, en fouettant entre chaque ajout. Tamisez la farine et la levure au-dessus du saladier. Ajoutez 1 pincée de sel et mélangez bien à l'aide d'une cuillère en bois.
- Incorporez les raisins secs et les fruits confits avec le rhum de macération. Ajoutez les amandes et mélangez bien.
- Beurrez un moule à cake et versez-y la préparation. Dessinez des fleurs sur la pâte avec des amandes entières.
- Faites cuire au four de 1 h 10 à 1 h 20.
- Démoulez le cake, laissez-le reposer pendant 24 h avant de servir.

Cake aux fruits séchés
Remplacez les fruits confits par la même quantité de fruits séchés (canneberges, écorces d'oranges, abricots et figues).

Cake aux épices
Ajoutez 1 c. à c. de cannelle, 1/2 c. à c. de noix muscade et 1 c. à c. de gingembre à la préparation.

Biscuits aux fruits confits
Battez au fouet 3 œufs avec 150 g de sucre en poudre. Ajoutez 100 g de farine, 1/2 sachet de levure, 100 g d'amandes hachées, 100 g de noix, 120 g de fruits confits et 1 c. à c. de kirsch. Mélangez, puis versez dans un grand moule carré. Faites cuire au four de 20 à 25 min. Coupez en bâtonnets.

Vin chaud
Versez 15 cl de vin rouge corsé, 2 cl de cognac, 1 c. à c. de sucre en poudre, 1 tranche de citron, 1 clou de girofle et 1 pincée de cannelle dans une casserole et portez à frémissements. Servez avec le cake.

CHOUX EN PIÈCE MONTÉE

Préparation : 15 min • **Cuisson :** 25 min • **Pour 18 petits choux**

pour les choux : *80 g de beurre • 1 c. à c. de sucre en poudre*
125 g de farine • 3 œufs • 200 g de crème pâtissière • sel
pour le glaçage : *50 g de beurre ramolli • 200 g de fromage frais*
50 g de sucre glace • 2 c. à c. de colorant alimentaire rouge
pour la décoration : *billes de sucre argentées*

- Préchauffez le four à 200 °C.
- Pour la pâte, faites fondre le beurre avec 25 cl d'eau, 1 pincée de sel et le sucre en poudre dans une casserole, en remuant. Ajoutez la farine en une fois et mélangez à l'aide d'une cuillère en bois, jusqu'à ce que la pâte ne colle plus à la cuillère.
- Ôtez la casserole du feu et ajoutez les œufs un à un, en mélangeant entre chaque ajout, jusqu'à ce que la pâte soit homogène.
- À l'aide d'une poche à douille, déposez 18 tas de pâte sur une plaque à pâtisserie recouverte de papier sulfurisé.
- Faites cuire au four de 20 à 25 min. Les choux sont cuits lorsqu'ils résistent quand on les presse avec un doigt ou une cuillère.
- Laissez refroidir, puis creusez un petit trou sous chaque chou et garnissez chacun de 2 c. à c. de crème pâtissière.
- Pour le glaçage, mélangez tous les ingrédients dans un bol. Nappez chaque chou de 1 c. à c. de glaçage.
- Dressez la pièce montée en formant une pyramide avec les choux. Insérez des billes de sucre argentées entre les choux.

Crème pâtissière maison

Faites chauffer 50 cl de lait avec 1 pincée de sel et 1 sachet de sucre vanillé dans une casserole. Dans un saladier, mélangez 100 g de sucre en poudre, 2 œufs et 1 jaune d'œuf jusqu'à ce que le mélange blanchisse. Ajoutez 50 g de farine puis, progressivement, le lait bouillant. Versez le tout dans la casserole et faites chauffer à feu doux jusqu'à ce que la crème épaississe. Laissez refroidir.

Crème pâtissière à la fraise

Mixez 15 fraises équeutées et rincées en coulis. Incorporez-le à la crème refroidie.

Crème pâtissière aromatisée

Une fois la crème refroidie, ajoutez 1 c. à s. d'amaretto, de Baileys ou de liqueur de fraise.

Pièce montée au lemon curd

Remplacez la crème pâtissière par du lemon curd. Vous pouvez également utiliser de l'orange curd.

CHRISTMAS PUDDING

Préparation : 40 min • **Repos :** 12 h • **Cuisson :** 10 h
Conservation : 1 mois • **Pour 10 personnes**

150 g de pruneaux • 200 g de fruits confits • 2 pommes • 4 œufs
250 g de raisins de Corinthe • 250 g de raisins sultana
250 g de raisins blonds • le jus et le zeste de 1 orange
le jus et le zeste de 1 citron • 15 cl de rhum • 15 cl de lait
250 g de margarine ramollie • 1 c. à c. de quatre-épices
1/2 c. à c. de noix muscade râpée • 1 c. à s. de cannelle en poudre
250 g de sucre roux • 250 g de pain de mie émietté
150 g de farine • beurre pour le moule

- Coupez les pruneaux et les fruits confits en morceaux. Pelez les pommes et hachez-les. Battez les œufs au fouet.
- Mettez le tout dans un grand saladier avec les autres ingrédients. Mélangez bien à l'aide d'une cuillère en bois. Ajoutez un peu d'eau si la pâte est trop compacte. Laissez reposer pendant toute une nuit.
- Beurrez un moule à pudding et versez-y la préparation. Couvrez-le de papier d'aluminium, puis placez-le au bain-marie sur une casserole d'eau bouillante, de façon que l'eau atteigne la moitié du moule.
- Faites cuire pendant 8 h environ, à feu doux, en ajoutant de l'eau dans la casserole toutes les 30 min.
- Retirez le papier d'aluminium usagé et remplacez-le par un propre. Conservez pendant 1 mois dans un endroit sec.
- Avant de servir, faites cuire le pudding pendant encore 2 h au bain-marie. Servez tiède.

Pudding au vegetable suet
Remplacez la margarine par du vegetable suet (au rayon britannique des supermarchés).

Pudding à la mélasse
Remplacez le sucre roux par de la mélasse.

Crème anglaise
Faites chauffer 30 cl de lait avec 1 c. à c. d'extrait de vanille liquide. Laissez infuser, puis portez à ébullition. Versez la moitié du lait sur 3 jaunes d'œufs battus en fouettant. Reversez le tout dans la casserole. En fouettant, faites épaissir sur feu moyen, sans laisser bouillir, jusqu'à ce que le mélange ne mousse plus. Laissez refroidir. Servez avec le pudding.

Irish coffee
Préparez 1 café chaud. Ajoutez 1 ou 2 morceaux de sucre et mélangez. Versez dans un verre à anse, ajoutez 1 trait de whisky et nappez de crème liquide. Servez avec le pudding.

CŒUR DE SAINT-VALENTIN AUX FRAISES

Préparation : 25 min • **Cuisson :** 35 min • **Pour 4 personnes**

4 œufs • 170 g de sucre en poudre • 1 c. à c. d'extrait de vanille liquide
75 g de farine • 75 g de Maïzena® • beurre pour le moule
30 cl de crème fraîche épaisse • 1 c. à s. de sucre glace
+ supplément pour la décoration • 500 g de fraises

- Préchauffez le four à 180 °C. Séparez les blancs des jaunes d'œufs. Mettez les jaunes d'œufs, 120 g de sucre et l'extrait de vanille dans un saladier, et battez au fouet électrique jusqu'à ce que la préparation soit mousseuse. Battez les blancs d'œufs en neige ferme. Incorporez-y progressivement le sucre restant. Mélangez délicatement les deux préparations, puis incorporez la farine et la Maïzena® tamisées en pluie. Mélangez de nouveau.

- Beurrez un moule en forme de cœur et versez-y la préparation.

- Faites cuire au four pendant 35 min, ou jusqu'à ce que la génoise soit moelleuse. Laissez reposer dans le moule pendant 15 min, puis démoulez la génoise et laissez-la refroidir complètement sur une grille.

- Battez la crème fraîche au fouet électrique avec le sucre glace. Rincez les fraises, équeutez-les et coupez-les en deux.

- Découpez un cœur de 5 cm de profondeur à la surface de la génoise, en laissant une bordure de 3 cm sur le gâteau. Retirez délicatement ce cœur. Garnissez le creux dans la génoise de la moitié des fraises. Recouvrez de la crème fouettée, puis ajoutez les fraises restantes et surmontez du cœur découpé. Parsemez de sucre glace. Servez sans attendre.

Cœur à la rose
Remplacez les fraises par des pétales de roses passés dans du blanc d'œuf et saupoudrés de sucre glace.

Cœur aux framboises
Remplacez les fraises par des framboises. Ajoutez quelques gouttes de colorant alimentaire rouge à la crème fraîche avant de la fouetter en chantilly.

Chantilly aphrodisiaque
Faites chauffer la crème fraîche avec 1 c. à s. de gingembre confit et laissez infuser. Mixez, laissez refroidir, puis fouettez en chantilly avec le sucre glace.

Granité de champagne
Versez le jus de 1 orange et 10 cl d'eau dans une casserole. Ajoutez 50 cl de champagne et 150 g de sucre. Portez à ébullition, puis retirez du feu et laissez refroidir. Versez dans un plat allant au froid. Faites prendre au congélateur pendant 4 h en grattant à la fourchette toutes les 30 min. Servez avec le gâteau.

COURONNE DE NOËL AUX FRUITS SECS

Préparation : 25 min • **Cuisson :** 50 min • **Pour 6 personnes**

pour la couronne : *25 g de raisins secs • 10 cl de rhum*
60 g de fruits confits mélangés • 40 g de cerises confites
25 g d'écorces d'orange confites • 140 g de beurre ramolli
50 g de sucre en poudre • 2 gros œufs
1 c. à c. d'extrait de vanille liquide • 50 g de chocolat noir à pâtisserie
170 g de farine • 25 g de cacao en poudre • sel
pour le glaçage : *200 g de sucre glace • 1 blanc d'œuf • le jus de 1/2 citron*

- Préchauffez le four à 180 °C.
- Faites tremper les raisins secs dans le rhum pendant 15 min. Hachez grossièrement les fruits confits.
- Dans un saladier, battez le beurre et le sucre au fouet électrique jusqu'à ce que le mélange soit clair et mousseux. Ajoutez les œufs l'un après l'autre, puis l'extrait de vanille, et mélangez bien.
- Faites fondre le chocolat noir au bain-marie, puis ajoutez-le à la préparation. Incorporez ensuite la farine tamisée, 1 pincée de sel, le cacao, les raisins secs et les fruits confits. Remuez bien à l'aide d'une cuillère en bois.
- Beurrez un moule à bavarois et versez-y la pâte.
- Faites cuire au four pendant 45 min. Laissez refroidir le gâteau avant de le démouler.
- Pour le glaçage, mélangez les ingrédients, puis mettez le glaçage dans une poche à douille. Striez le gâteau de fines lignes de glaçage. Laissez durcir.

Couronne à la compote

Pour alléger le gâteau, remplacez la moitié du beurre par de la compote de pommes.

Couronne à la châtaigne

Remplacez la farine par de la farine de châtaigne. Remplacez le glaçage par de la crème de marron.

Couronne de l'Avent

Travaillez 250 g de beurre en pommade dans un saladier. Ajoutez alternativement 5 œufs et 250 g de sucre en poudre, puis 250 g de farine. Mélangez. Versez dans un moule à bavarois et faites cuire au four préchauffé à 180 °C pendant 1 h. Badigeonnez de glaçage au citron, saupoudrez de sucre glace et décorez de cerises confites.

Glace au rhum et aux raisins

Faites tremper 50 g de raisins secs dans 20 cl de rhum ambré pendant 15 min. Préparez une crème anglaise et ajoutez-y le rhum et les raisins. Faites turbiner en sorbetière. Servez avec le gâteau.

COURONNE DES ROIS PROVENÇALE

Préparation : 20 min • **Repos** : 1 h • **Cuisson** : 25 min • **Pour 6 personnes**

pour la couronne : *1 œuf • 2 c. à s. d'eau de fleur d'oranger*
250 g de farine • 1 sachet de levure de boulanger
40 g de sucre en poudre • 7 cl de lait tiède • 60 g de beurre • sel
pour la dorure : *1 jaune d'œuf • 1 c. à s. de lait • sucre en grains*

- Dans un saladier, mettez l'œuf battu et l'eau de fleur d'oranger. Ajoutez la farine, la levure, le sucre et 1 pincée de sel. Pétrissez en ajoutant le lait progressivement, jusqu'à l'obtention d'une pâte qui ne colle pas aux mains.
- Faites fondre le beurre et incorporez-le à la pâte, puis pétrissez jusqu'à ce que celle-ci ne soit plus grasse.
- Formez une boule, couvrez-la d'un torchon et laissez reposer pendant 1 h.
- Préchauffez le four à 180 °C après avoir posé un bol d'eau sur la lèchefrite.
- Appuyez sur la pâte avec la paume de la main pour chasser l'air, puis façonnez une couronne et déposez-la sur une plaque à pâtisserie recouverte de papier sulfurisé.
- Pour la dorure, battez le jaune d'œuf avec le lait. Badigeonnez-en la couronne. Faites cuire au four pendant 25 min.
- Parsemez de sucre en grains. Laissez refroidir avant de déguster.

Couronne des rois aux fruits confits

Ajoutez 50 g de fruits confits mélangés grossièrement hachés à la pâte juste avant de façonner la couronne. Une fois cuite, ornez-la de fruits confits entiers.

Couronne à l'eau de fleur d'oranger

Ajoutez 3 c. à s. d'eau de fleur d'oranger à la pâte en même temps que le beurre.

Briochettes au sucre

Détaillez la pâte en 6 à 8 petites boules et faites-les cuire au four de 15 à 20 min.

Mendiants provençaux

Faites fondre 150 g de chocolat noir au bain-marie. Étalez-le en plusieurs disques sur une feuille de papier sulfurisé. Parsemez de fruits secs (raisins, amandes, pistaches, noisettes, noix). Laissez prendre. Servez lors du repas de Noël.

Crème pâtissière à la pistache

Pour la crème pâtissière, remplacez le thé vert par 1 c. à s. de pâte de pistaches. Ajoutez quelques gouttes de colorant alimentaire vert.

Dacquoise aux fraises et à la noix de coco

Pour la dacquoise, remplacez la poudre d'amandes par de la noix de coco râpée. Remplacez la crème par de la chantilly, et les kiwis par des fraises équeutées et coupées en deux.

Dacquoise à la mousse de framboises

Montez 20 cl de crème liquide entière très froide en chantilly avec 50 g de sucre glace. Incorporez-y 200 g de framboises mixées en coulis et 3 feuilles de gélatine dissoutes dans de l'eau. Garnissez-en la dacquoise.

Dacquoise au chocolat

Faites fondre 50 g de chocolat noir au bain-marie. Hors du feu, ajoutez 100 g de beurre en parcelles, puis 100 g de sucre glace. Fouettez, puis ajoutez 40 g de noix concassées. Garnissez-en la dacquoise.

DACQUOISES AU KIWI ET AU THÉ VERT

Préparation : 25 min • **Cuisson :** 30 min • **Pour 6 à 8 tartelettes**

2 ou 3 kiwis
pour la dacquoise : *3 blancs d'œufs • 15 g de pâte de pistaches*
70 g de sucre en poudre • 80 g de poudre d'amandes • sel
pour la crème pâtissière au thé vert : *25 g de Maïzena®*
1 c. à c. de thé vert matcha en poudre • 60 g de sucre en poudre
25 cl de lait • 3 jaunes d'œufs

- Préchauffez le four à 180 °C. Pour la dacquoise, battez les blancs d'œufs en neige ferme avec 1 pincée de sel. Dans un bol, diluez la pâte de pistaches avec 1 c. à s. de blancs d'œufs en neige. Dans un saladier, incorporez délicatement le sucre, la poudre d'amandes et la pâte de pistaches aux blancs d'œufs restants.

- À l'aide d'une poche à douille, formez 6 à 8 cercles de pâte sur une plaque à pâtisserie recouverte de papier sulfurisé. Faites cuire au four pendant 15 min environ, puis laissez refroidir.

- Pour la crème pâtissière, versez la Maïzena®, le thé vert et la moitié du sucre dans une casserole et mélangez. Versez le lait progressivement et portez à ébullition, puis retirez la casserole du feu et laissez tiédir.

- Dans un saladier, fouettez les jaunes d'œufs avec le reste de sucre. Incorporez-y progressivement la préparation précédente. Remettez le tout dans la casserole et portez à ébullition en remuant sans cesse. Baissez ensuite le feu et laissez cuire à feu doux jusqu'à ce que la crème ait pris.

- Versez la crème sur les fonds de pâte. Pelez les kiwis, coupez-en 1 en rondelles et les autres en morceaux. Décorez les tartelettes.

DÉLICE AU CHOCOLAT ET AUX FRAISES

Préparation : 30 min • **Cuisson :** 25 min • **Pour 6 à 8 personnes**

150 g de beurre • 250 g de sucre en poudre • 40 g de cacao en poudre
1/2 sachet de sucre vanillé • 2 œufs • 40 g de farine
30 cl de coulis de fraises
***pour le glaçage :** 20 cl de crème fraîche épaisse • 25 g de beurre*
200 g de chocolat noir
***pour la décoration :** 250 g de fraises • 2 c. à s. de pignons de pin*

- Préchauffez le four à 180 °C.
- Faites fondre le beurre dans une grande casserole. Retirez-la du feu et incorporez le sucre, le cacao en poudre et le sucre vanillé. Ajoutez les œufs un à un puis incorporez la farine et, enfin, le coulis.
- Beurrez un moule à manqué et versez-y la préparation. Faites cuire au four pendant 20 min. Laissez refroidir.
- Pour le glaçage, mettez la crème fraîche et le beurre dans une casserole et portez à ébullition. Retirez du feu. Cassez le chocolat en morceaux et ajoutez-les à la crème. Mélangez jusqu'à ce que le chocolat soit bien fondu.
- Réservez au réfrigérateur et laissez durcir pendant 30 min.
- Nappez le gâteau de glaçage et laissez refroidir au réfrigérateur.
- Lavez les fraises. Faites griller les pignons de pin à sec. Décorez le gâteau avec les fraises et les pignons grillés.

Délice aux fraises fraîches

Remplacez le coulis de fraise par 200 g de fraises coupées en dés. Vous pouvez aussi utiliser 100 g de fraises fraîches et 100 g de fraises séchées.

Délice à l'orange et aux pistaches

Remplacez le coulis de fraise par de la marmelade d'oranges, les fraises par des quartiers d'orange et les pignons par des pistaches.

Verrines express au chocolat et aux fraises

Parsemez le fond de verrines de petits-beurre émiettés. Recouvrez de crème dessert au chocolat et ornez de fraises coupées en deux. Réservez au frais jusqu'au moment de servir.

Sucettes de fraises au chocolat

Faites fondre 200 g de chocolat au lait à pâtisserie avec 1 noix de beurre. Piquez chaque fraise avec une pique à cocktail, puis trempez-la dans le chocolat. Laissez refroidir.

ÉTOILES À LA CANNELLE

Préparation : 15 min • **Cuisson :** 12 min • **Repos :** 2 h • **Pour 25 à 30 biscuits**

pour les biscuits : *4 blancs d'œufs • 500 g de sucre en poudre + supplément pour le plan de travail • 500 g de poudre d'amandes 1 c. à s. de cannelle en poudre • 1/2 c. à c. de cardamome en poudre le jus de 1 citron*

pour le glaçage : *250 g de sucre glace • 2 c. à s. de jus de citron*

- Battez les blancs d'œufs en neige ferme dans un saladier. Incorporez le sucre petit à petit, sans cesser de battre, jusqu'à l'obtention d'un mélange lisse et brillant.
- Ajoutez la poudre d'amandes, les épices et le jus de citron. Mélangez, couvrez le saladier de film alimentaire, puis laissez reposer la pâte pendant toute une nuit au réfrigérateur.
- Préchauffez le four à 160 °C.
- Saupoudrez le plan de travail de sucre en poudre et abaissez la pâte sur 1 cm d'épaisseur. Formez des étoiles à l'aide d'un emporte-pièce, en trempant celui-ci régulièrement dans de l'eau froide pour éviter que la pâte ne colle trop. Déposez-les sur une plaque à pâtisserie recouverte de papier sulfurisé.
- Faites cuire au four pendant 12 min environ. Laissez refroidir sur une grille.
- Pour le glaçage, mélangez le sucre glace et le jus de citron. Badigeonnez les étoiles de ce glaçage.
- Laissez sécher pendant 2 h avant de déguster. Conservez dans une boîte en fer.

Étoiles à la badiane

Remplacez la cannelle par de la badiane en poudre.

Étoiles au chocolat et au gingembre

Remplacez les épices par 1 c. à c. de gingembre en poudre. Ajoutez 1 c. à s. de cacao en poudre à la pâte.

Étoiles à la pâte d'amandes

Mixez 250 g de poudre d'amandes avec 250 g de sucre glace. Formez une boule et laissez reposer au frais. Étalez la pâte au rouleau et découpez-y des étoiles à l'emporte-pièce. Glacez avec du chocolat noir fondu.

Étoiles filantes au sucre

Mélangez du bout des doigts 150 g de beurre ramolli et 225 g de farine. Pétrissez et formez une boule. Étalez la pâte au rouleau et découpez-y des étoiles filantes à l'emporte-pièce. Déposez-les sur une plaque, dorez au jaune d'œuf et faites cuire au four préchauffé à 180 °C pendant 15 min. Laissez refroidir.

Vosgienne
Remplacez les cerises par 300 g de framboises fraîches ou surgelées. Badigeonnez les différentes épaisseurs du gâteau de schnaps à la framboise.

Forêt-noire tout chocolat
Incorporez 100 g de chocolat blanc fondu à la chantilly.

Forêt-noire à la noix de coco
Faites chauffer 35 cl de lait de coco avec 25 g de noix de coco râpée et 50 g de sucre en poudre. Ajoutez 2 feuilles de gélatine dissoutes dans de l'eau. Laissez refroidir, puis mélangez avec 50 cl de crème liquide montée en chantilly. Laissez prendre au frais. Garnissez-en le gâteau.

Verrines façon forêt-noire
Tapissez le fond de verrines de boudoirs passés dans du kirsch. Nappez de chantilly aux cerises. Renouvelez l'opération une fois, puis parsemez de copeaux de chocolat noir.

FORÊT-NOIRE

Préparation : 30 min • **Repos :** 3 h • **Cuisson :** 40 min • **Pour 6 personnes**

__pour le biscuit :__ 6 œufs • 100 g de beurre • 180 g de sucre en poudre
150 g de farine • 50 g de cacao en poudre
__pour la garniture :__ 80 cl de crème liquide très froide
100 g de sucre glace • 1 bocal de cerises au sirop
140 g de copeaux de chocolat

- Préchauffez le four à 180 °C.
- Séparez les blancs des jaunes d'œufs. Faites fondre le beurre dans une petite casserole.
- Dans un saladier, battez le sucre avec les jaunes d'œufs au fouet jusqu'à ce que le mélange blanchisse. Ajoutez la farine, puis le cacao et le beurre. Battez au fouet. Montez les blancs d'œufs en neige ferme, puis incorporez-les délicatement au mélange.
- Faites cuire au four pendant 35 min. Laissez refroidir.
- Pour la garniture, battez la crème en chantilly avec le sucre glace. Prélevez-en 5 c. à s. pour le nappage. Égouttez les cerises, réservez-en 10 et mélangez les autres à la chantilly.
- Coupez le gâteau en trois dans l'épaisseur. Badigeonnez la partie inférieure de sirop des cerises. Recouvrez du mélange chantilly-cerises. Déposez la partie centrale par-dessus, badigeonnez-la de sirop et recouvrez-la du reste du mélange. Terminez par la partie supérieure. Nappez la surface et les côtés du gâteau de chantilly.
- Réservez au frais pendant 3 h. Au moment de servir, décorez avec les cerises réservées et les copeaux de chocolat.

FRAISIER

Préparation : 40 min • **Cuisson :** 15 min • **Pour 8 personnes**

pour la crème mousseline : *50 cl de lait • 6 jaunes d'œufs*
90 g de sucre en poudre • 50 g de Maïzena® • 220 g de beurre doux
pour les biscuits : *4 œufs entiers • 100 g de sucre en poudre*
1 c. à c. de sucre vanillé • 100 g de farine
pour le dressage : *10 cl de sirop de fraise*
500 g de fraises lavées et équeutées • 100 g de pâte d'amandes rose
sucre glace • feuilles de menthe

- Pour la crème, faites bouillir le lait. Dans un saladier, battez les jaunes d'œufs avec le sucre. Ajoutez la Maïzena® puis le lait, petit à petit. Remettez le tout dans la casserole et faites bouillir pendant 2 min en fouettant. Hors du feu, ajoutez 1/3 du beurre et fouettez bien. Laissez refroidir complètement. Incorporez le reste de beurre et fouettez.

- Pour les biscuits, préchauffez le four à 200 °C. Séparez les blancs des jaunes d'œufs. Dans un saladier, battez les jaunes avec les sucres. Ajoutez la farine. Montez les blancs en neige et incorporez-les au mélange. À l'aide d'une poche à douille, formez 2 disques de pâte de 20 cm de diamètre sur une plaque à pâtisserie tapissée de papier sulfurisé. Faites cuire au four pendant 12 min.

- Placez 1 disque en fer de 20 cm de diamètre badigeonné de sirop sur 1 disque de biscuit. Disposez les fraises coupées en deux le long du cercle. Placez celles qui restent sur le biscuit (réservez-en 8). Recouvrez de la crème. Badigeonnez le second disque de sirop et posez-le sur le gâteau. Réservez au frais.

- Étalez la pâte d'amandes au rouleau. Découpez 1 disque de 20 cm de diamètre et placez-le sur le gâteau préalablement badigeonné de sirop. Décorez avec le sucre glace, les fraises réservées et la menthe.

Sirop au kirsch

Portez 5 cl d'eau à ébullition avec 75 g de sucre en poudre, puis retirez du feu. Laissez refroidir, puis ajoutez le kirsch. Utilisez à la place du sirop de fraise.

Fraisier express

Remplacez les biscuits par de la génoise prête à l'emploi, et la crème mousseline par de la crème pâtissière prête à l'emploi à laquelle vous incorporerez 220 g de beurre.

Poirier

Remplacez les fraises par la même quantité de poires fraîches pelées, évidées et taillées en quartiers. Vous pouvez également utiliser des poires au sirop.

Fraisier au mascarpone

Remplacez la crème mousseline par 350 g de mascarpone fouetté avec 75 g de sucre glace et les graines grattées de 1 gousse de vanille.

Frangipane au rhum
Ajoutez 1 c. à s. de rhum ambré à la crème en même temps que l'extrait d'amande amère.

Frangipane au pralin
Remplacez 50 g de poudre d'amandes par du pralin.

Frangipane aux framboises
Ajoutez 150 g de framboises surgelées et décongelées à la préparation.

Frangipane à la pistache et à la fève tonka
Remplacez la poudre d'amandes par de la poudre de pistaches, et l'extrait d'amande amère par 1/2 fève tonka râpée.

Frangipane légère
Remplacez le beurre par de la compote de pommes.

GALETTE DES ROIS À LA FRANGIPANE

Préparation : 15 min • **Cuisson :** 30 min • **Pour 6 personnes**

2 rouleaux de pâte feuilletée • 2 c. à s. de lait
pour la crème à la frangipane : *2 œufs • 115 g de sucre en poudre*
1 c. à s. de Maïzena® • 10 cl de lait • 140 g de poudre d'amandes
40 g de beurre • 2 gouttes d'extrait de vanille liquide
1 c. à c. d'extrait d'amande amère

- Préchauffez le four à 200 °C.

- Préparez la crème : dans un saladier, battez les œufs au fouet avec le sucre. Délayez la Maïzena® dans le lait froid et incorporez-la au mélange. Versez la préparation dans une casserole et portez à ébullition en remuant sans cesse. Laissez épaissir la crème pendant quelques secondes, puis retirez la casserole du feu. Ajoutez la poudre d'amandes, le beurre coupé en morceaux, l'extrait de vanille et l'extrait d'amande amère. Mélangez bien.

- Étalez 1 rouleau de pâte feuilletée sur une plaque à pâtisserie tapissée de papier sulfurisé. Nappez-le de crème à la frangipane en laissant une bordure de 1 cm tout autour.

- Étalez le deuxième rouleau et recouvrez-en la galette, en pressant sur la bordure avec les doigts pour bien souder les deux pâtes. Badigeonnez la surface de lait, à l'aide d'un pinceau. Dessinez des motifs sur la pâte avec la pointe d'un couteau.

- Faites cuire au four pendant 25 min.

- Dégustez tiède.

Galette au chocolat et aux cerises

Égouttez 15 cerises au sirop, parsemez-les de sucre glace et ajoutez-les délicatement à la crème au chocolat.

Galette au chocolat et aux poires

Coupez 6 poires au sirop en dés, égouttez-les et ajoutez-les délicatement à la crème au chocolat.

Galette des rois aux pommes

Faites compoter 6 à 8 pommes à feu doux avec 30 g de sucre pendant 20 min. Mixez grossièrement. Garnissez-en la galette.

Chaussons au chocolat

Divisez la pâte en 6 disques. Garnissez-les de préparation au chocolat, puis repliez la pâte par-dessus pour former des chaussons. Faites cuire au four pendant 35 min.

GALETTE DES ROIS AU CHOCOLAT

Préparation : 15 min • **Cuisson :** 30 min • **Pour 6 personnes**

2 rouleaux de pâte feuilletée • 10 cl de lait
pour la garniture au chocolat : *120 g de chocolat noir*
80 g de beurre • 80 g de poudre d'amandes • 80 g de sucre en poudre
2 œufs • 2 c. à c. de rhum

- Préchauffez le four à 200 °C.
- Pour la garniture, faites fondre le chocolat et le beurre au bain-marie. Hors du feu, ajoutez-y la poudre d'amandes, le sucre, les œufs et le rhum.
- Étalez 1 rouleau de pâte feuilletée sur une plaque à pâtisserie tapissée de papier sulfurisé. Nappez-le de garniture au chocolat en laissant une bordure de 1 cm tout autour.
- Étalez le second rouleau et recouvrez-en la galette, en pressant sur la bordure avec les doigts pour bien souder les deux pâtes.
- Badigeonnez la surface de la galette avec le lait, à l'aide d'un pinceau.
- Faites cuire au four de 20 à 25 min.
- Servez tiède ou froid.

Crème au beurre et au café
Remplacez le chocolat au lait par 2 c. à c. de café lyophilisé dilué dans un peu d'eau.

Crème au beurre au Grand Marnier
Remplacez l'extrait de vanille par 2 c. à s. de Grand Marnier. Vous pouvez aussi utiliser du Cointreau ou du kirsch.

Crème au beurre à l'orange
Remplacez la vanille, le cacao et le chocolat par 2 œufs, le zeste râpé de 1/2 orange et le jus de 1 orange.

Crème au beurre au citron
Remplacez la vanille, le cacao et le chocolat par 2 œufs, le zeste râpé de 3 citrons et le jus de 1 citron. Vous pouvez aussi utiliser du combava.

GÂTEAU À LA CRÈME ET AU CHOCOLAT AU LAIT

Préparation : 35 min • **Cuisson :** 50 min • **Pour 10 personnes**

pour le gâteau : *200 g de beurre ramolli + supplément pour le moule*
300 g de sucre en poudre • 2 c. à c. d'extrait de vanille liquide
4 œufs • 400 g de farine • 1 sachet de levure chimique
12 cl de lait • 1 c. à s. de cacao en poudre tamisé
quelques gouttes de colorant alimentaire rouge
pour la crème : *250 g de beurre ramolli • 250 g de sucre glace*
1 c. à c. d'extrait de vanille liquide • 2 c. à s. de cacao en poudre tamisé
200 g de chocolat au lait

- Préchauffez le four à 200 °C. Pour le gâteau, mettez le beurre, le sucre et l'extrait de vanille dans un saladier, et battez au fouet jusqu'à ce que le mélange soit clair et crémeux. Incorporez les œufs l'un après l'autre, en remuant entre chaque ajout. Ajoutez la farine et la levure tamisées avec le lait, puis remuez bien.

- Répartissez la préparation dans 3 jattes. Ajoutez le cacao en poudre dans l'une et le colorant alimentaire dans une autre. Beurrez un moule carré et mettez-y alternativement les trois préparations. Lissez la surface. Faites cuire au four pendant 45 min. Démoulez le gâteau et laissez-le refroidir sur une grille.

- Pour la crème, mélangez au fouet électrique le beurre, le sucre, l'extrait de vanille et le cacao dans un saladier, jusqu'à ce que le mélange soit clair et léger. Coupez le chocolat en morceaux et faites-le fondre au bain-marie. Laissez refroidir légèrement, puis incorporez à la préparation précédente, en remuant au fouet électrique.

- Nappez la surface et les côtés du gâteau de la crème et réservez à température ambiante pendant 30 min avant de servir.

GÂTEAU À LA RICOTTA ET AUX AMANDES

Préparation : 25 min • **Repos** : de 4 à 12 h • **Cuisson** : aucune
Pour 8 personnes

500 g de ricotta • 5 cl de liqueur de café Kalhúa + 1 c. à s.
50 g de sucre en poudre • 50 cl de crème fraîche épaisse
1 c. à s. de café lyophilisé • 250 g de boudoirs
120 g de biscottis aux amandes • 100 g de chocolat noir à pâtisserie

- Dans un saladier, mélangez la ricotta, la liqueur de café et le sucre.
- Fouettez rapidement la crème fraîche et incorporez-en la moitié à la préparation.
- Versez 25 cl d'eau bouillante dans un bol et ajoutez-y le café lyophilisé. Mélangez bien, puis laissez refroidir. Ajoutez 1 c. à s. de liqueur de café.
- Passez 12 boudoirs dans le café et répartissez-les au fond d'un plat de service. Émiettez grossièrement les biscottis. Prélevez-en 1/4 et parsemez-en les boudoirs. Nappez de 1/3 du mélange à la ricotta. Renouvelez l'opération jusqu'à épuisement des ingrédients, en terminant par une couche de crème. Conservez 1/4 des biscottis émiettés pour la décoration.
- Réservez au réfrigérateur pendant 4 h, voire toute une nuit.
- Râpez le chocolat noir. Parsemez-en le gâteau, puis décorez avec les biscottis réservés.

Gâteau au mascarpone et aux amarettis
Remplacez la ricotta par du mascarpone, et les biscottis par des amarettis.

Gâteau à la brousse et au miel
Remplacez la ricotta par de la brousse et le sucre par 2 c. à s. de miel liquide.

Gâteau à la crème de marrons
Remplacez 150 g de ricotta par de la crème de marrons. Fouettez-la bien avant de l'incorporer. Supprimez la liqueur et passez les boudoirs dans un sirop de sucre.

Gâteau à la pâte à tartiner
Faites fondre 200 g de pâte à tartiner au chocolat et 10 cl de crème liquide à feu doux. Insérez des couches de cette ganache entre les autres ingrédients. Supprimez la liqueur et le café.

GÂTEAU D'ANNIVERSAIRE À LA FRAMBOISE

Préparation : 20 min • **Cuisson :** 50 min • **Pour 6 personnes**

100 g de beurre + supplément pour le moule • 15 cl de lait
4 œufs • 150 g de sucre en poudre • 280 g de farine
1 c. à c. de levure chimique • 1/2 pot de confiture de framboises

- Préchauffez le four à 180 °C.
- Faites fondre le beurre dans une petite casserole. Faites tiédir le lait dans une autre casserole. Dans un saladier, battez les œufs avec le sucre jusqu'à ce que le mélange blanchisse. Incorporez la farine et la levure, puis ajoutez le beurre fondu et le lait chaud. Remuez bien.
- Beurrez un moule à manqué et versez-y la pâte.
- Faites cuire au four pendant 45 min environ.
- Démoulez le gâteau sur une grille et laissez-le refroidir.
- Coupez le gâteau en trois dans l'épaisseur. Garnissez le disque inférieur et le disque central de confiture de framboises, puis reconstituez le gâteau.

Gâteau au sirop d'érable

Remplacez la confiture de framboises par du sirop d'érable.

Gâteau aux litchis et à la rose

Battez au fouet 250 g de ricotta avec 2 c. à s. d'eau de rose et 40 g de sucre. Ajoutez 15 litchis dénoyautés et coupés en dés. Garnissez le gâteau de cette crème.

Gâteau à la crème et à la mangue

Faites caraméliser 1 mangue coupée en dés avec 40 g de sucre en poudre et 1 noix de beurre. Incorporez-les à 25 cl de crème pâtissière. Garnissez le gâteau de cette crème.

Gâteau aux figues et au miel

Faites cuire à frémissements pendant 5 min 8 figues pelées et coupées en dés avec 3 c. à s. de miel liquide, le zeste de 1 orange et 1 c. à c. d'eau. Retirez le zeste et laissez refroidir. Mixez, puis garnissez le gâteau de cette crème.

Gâteau à la nougatine
Remplacez les pépites de chocolat par de la nougatine grossièrement cassée en morceaux.

Gâteau aux toffees
Remplacez les pépites de chocolat par des toffees grossièrement broyés.

Étoiles en chocolat maison
Faites fondre 200 g de chocolat noir, blanc ou au lait au bain-marie. Dessinez des étoiles sur du papier sulfurisé. Remplissez les dessins de chocolat à l'aide d'une poche à douille. Laissez prendre.

Lait de poule
Versez 15 cl de lait bouillant dans un shaker. Ajoutez 4 cl de rhum ambré, 2 cl d'extrait de vanille, 1 jaune d'œuf et 1 c. à s. de sucre en poudre, puis secouez. Servez avec le gâteau, parsemé de noix muscade râpée.

GÂTEAU DE NOËL AUX ÉPICES ET AU CHOCOLAT

Préparation : 20 min • **Cuisson** : 55 min • **Pour 6 personnes**

3 pommes • 80 g de cerneaux de noix • 2 œufs • 20 cl d'huile de tournesol
180 g de sucre en poudre • 1 sachet de sucre vanillé
1 c. à c. de cannelle en poudre • 1/2 c. à c. de noix muscade râpée
1/2 c. à c. de quatre-épices • 240 g de farine • 1/2 sachet de levure chimique
1 yaourt brassé nature • 80 g de pépites de chocolat noir
***pour la décoration :** sucre glace • étoiles en chocolat*

- Préchauffez le four à 180 °C.
- Pelez les pommes, évidez-les et râpez-les. Concassez grossièrement les cerneaux de noix.
- Dans un saladier, mélangez au fouet les œufs et l'huile. Ajoutez le sucre, le sucre vanillé et les épices, puis remuez bien. Tamisez la farine avec la levure et incorporez-les à la préparation. Ajoutez les pommes râpées, les noix, le yaourt et les pépites de chocolat. Mélangez.
- Beurrez un moule à manqué et versez-y la préparation.
- Faites cuire au four pendant 55 min.
- Laissez refroidir sur une grille.
- Avant de servir, parsemez le gâteau de sucre glace et décorez-le avec les étoiles en chocolat.

Kouglof nature
Remplacez la purée de potiron par 100 g de beurre.

Kouglof aux raisins secs
Faites tremper 120 g de raisins secs dans 10 cl de rhum ambré, puis incorporez-les à la pâte.

Kouglof à l'orange
Ajoutez le jus et le zeste de 1 orange à la préparation. Vous pouvez également ajouter 1 c. à s. de rhum ou de liqueur d'orange au mélange.

Kouglof au caramel
Faites fondre 250 g de sucre avec 4 c. à s. d'eau, sans remuer, jusqu'à ce qu'il soit blond. Laissez refroidir, puis incorporez 200 g de crème fraîche épaisse. Nappez le kouglof de ce caramel.

KOUGLOF AU POTIRON

Préparation: 20 min • **Repos** : 1 h 30 • **Cuisson**: 50 min • **Pour 8 personnes**

1 sachet de levure de boulanger • 65 g de beurre
450 g de farine • 100 g de sucre en poudre • 1 œuf
250 g de purée de potiron surgelée et décongelée

- Délayez la levure dans 2 c. à s. d'eau tiède et laissez lever pendant 15 min.
- Faites fondre le beurre dans une petite casserole.
- Dans un grand saladier, mélangez la farine, la levure et le sucre.
- Dans un autre saladier, battez l'œuf, puis ajoutez-y la purée de potiron, 6 cl d'eau et le beurre fondu. Remuez bien.
- Assemblez les deux préparations et pétrissez à la main jusqu'à l'obtention d'une pâte homogène. Laissez lever pendant 30 min à température ambiante.
- Garnissez un moule à kouglof de la pâte et laissez lever pendant encore 1 h.
- Préchauffez le four à 200 °C.
- Faites cuire au four pendant 45 min environ.
- Laissez refroidir avant de démouler.

Glaçage au thé matcha
Mélangez 150 g de sucre glace, 15 cl d'eau et 1 c. à c. de thé matcha. Glacez le kransekake avec cette préparation.

Glaçage au sirop d'érable
Mélangez 80 g de sucre glace et 60 g de sirop d'érable au fouet, jusqu'à ce que le mélange soit crémeux. Glacez le kransekake avec cette préparation.

Glaçage aux chamallows®
Faites fondre doucement 150 g de chamallows® avec 2 c. à s. de crème fraîche en remuant souvent. Laissez tiédir. Incorporez délicatement 2 blancs d'œufs battus en neige. Glacez le kransekake avec cette préparation.

Glace à l'armagnac et aux pruneaux
Faites tremper 50 g de pruneaux coupés en dés dans 20 cl d'armagnac pendant 15 min. Préparez une crème anglaise et ajoutez-y l'armagnac et les pruneaux. Faites turbiner en sorbetière. Servez avec le gâteau.

KRANSEKAKE

Préparation : 40 min • **Repos** : 6 h • **Cuisson** : 20 min • **Pour 10 personnes**

160 g de poudre d'amandes • 180 g de sucre en poudre
2 blancs d'œufs • 500 g de pâte d'amandes
***pour le glaçage :** 150 g de sucre glace • 1 blanc d'œuf*

- Dans un saladier, mélangez la poudre d'amandes et le sucre. Ajoutez les blancs d'œufs et mélangez jusqu'à obtention d'une pâte homogène. Coupez la pâte d'amandes en morceaux et pétrissez la pâte à la main jusqu'à ce qu'elle soit ferme et ne colle plus aux mains. Laissez reposer au réfrigérateur pendant 6 h.
- Préchauffez le four à 240 °C.
- Prélevez 1 boule de pâte et roulez-la entre les paumes des mains pour obtenir un boudin de 10 cm de long et de 3 cm de diamètre. Reliez les deux extrémités du boudin pour former une couronne. Préparez sept autres couronnes en ajoutant à chaque fois 3 cm à la longueur des boudins.
- Placez les couronnes sur une plaque à pâtisserie recouverte de papier sulfurisé. Faites cuire au four pendant 20 min, jusqu'à ce que les couronnes soient dorées. Laissez refroidir sur une grille.
- Pour le glaçage, mélangez le sucre glace avec un peu de blanc d'œuf, jusqu'à l'obtention d'une pâte crémeuse. Versez le glaçage dans une poche à douille et formez des zigzags sur chaque couronne. Laissez sécher le glaçage et montez le kransekake en superposant les couronnes.

Linzertorte aux noisettes
Remplacez la poudre d'amandes par de la poudre de noisettes. Parsemez la tarte de noisettes concassées.

Linzertorte aux épices
Ajoutez 1 c. à c. de cannelle, 1 pincée de noix muscade râpée et 1 pincée de clous de girofle en poudre à la préparation.

Linzertorte au cynorhodon
Remplacez la confiture par de la confiture de cynorhodons. À défaut, utilisez simplement de la confiture de fruits rouges.

Confiture de framboises maison
Mettez 1 kg de framboises mixées et 500 g de sucre en poudre dans une cocotte. Portez à ébullition. Retirez l'écume qui se forme au fur et à mesure. Poursuivez la cuisson pendant 3 min après qu'il n'y a plus d'écume. Mettez en pots.

LINZERTORTE

Préparation : 45 min • **Repos** : 2 h • **Cuisson** : 25 min • **Pour 4 tartelettes**

75 g de sucre en poudre • 75 g de poudre d'amandes
100 g de beurre ramolli • 1 œuf • 125 g de farine
+ supplément pour le plan de travail • 150 g de confiture de framboises

- Préchauffez le four à 180 °C.
- Dans un saladier, mettez le sucre, la poudre d'amandes, le beurre et l'œuf, et remuez bien. Incorporez ensuite la farine, sans trop travailler la pâte.
- Formez une boule de pâte, enveloppez-la dans du film alimentaire et laissez reposer au réfrigérateur pendant 2 h.
- Étalez la pâte au rouleau sur le plan de travail fariné. Divisez la pâte en quatre portions et étalez-les dans des petits moules à tartelettes. Garnissez les tartelettes de confiture de framboises et décorez la surface avec des bandes de pâte restante.
- Faites cuire au four pendant 25 min.
- Laissez refroidir avant de déguster.

Merveille au praliné et au chocolat
Remplacez 200 g de sucre par du chocolat noir ou au lait fondu.

Gâteau au praliné et au chocolat
Faites fondre 200 g de chocolat noir avec 130 g de beurre. Mélangez 3 œufs battus dans un saladier avec 80 g de sucre en poudre, 100 g de pralinoise, 50 g de farine et 1/2 sachet de levure. Réunissez les deux préparations. Versez dans un moule à manqué. Faites cuire au four préchauffé à 180 °C pendant 25 min.

Roulé au praliné
Faites fondre 200 g de pralinoise avec 4 c. à s. de crème liquide. Nappez une génoise du mélange, puis roulez-la.

Mousse au praliné
Faites fondre 200 g de pralinoise avec 7 cl de lait. Montez 4 blancs d'œufs en neige ferme. Réunissez délicatement les deux préparations. Réservez au réfrigérateur pendant 4 h.

MERVEILLE AU PRALINÉ

Préparation : 20 min • **Repos** : 5 h 30 • **Cuisson** : 1 h 10 • **Pour 8 personnes**

pour le biscuit au praliné : *50 g d'amandes entières • 50 g de sucre glace*
110 g de farine • 90 g de beurre froid + supplément pour la plaque
pour la garniture : *440 g de sucre en poudre • 17,5 cl de vin cuit*
750 g de fromage blanc • 250 g de fromage frais à température ambiante
les graines de 1 gousse de vanille • 3 œufs • sucre glace

- Pour le biscuit, préchauffez le four à 180 °C. Faites griller les amandes à sec dans une poêle. Ajoutez la moitié du sucre et faites chauffer jusqu'à ce que les amandes soient enrobées de caramel. Laissez refroidir, puis versez dans le bol d'un mixeur. Ajoutez la farine et le reste de sucre, puis mixez. Ajoutez le beurre et mixez. Versez la préparation dans un cercle en métal de 18 cm de diamètre placé sur une plaque à pâtisserie beurrée. Surmontez d'un couvercle et réservez au frais pendant 30 min. Faites cuire au four pendant 10 min, puis retirez le couvercle et poursuivez la cuisson de 8 à 10 min. Réservez.

- Pour la garniture, faites chauffer le sucre et 17,5 cl d'eau dans une casserole, à feu moyen, de 10 à 12 min, en remuant jusqu'à l'obtention d'un caramel sombre. Retirez du feu, ajoutez le vin, remuez, puis réservez. Baissez la température du four à 150 °C. Mixez le fromage blanc, le fromage frais et les graines de vanille. Ajoutez la moitié du caramel et les œufs, puis mixez.

- Versez cette préparation sur la base de biscuit et faites cuire de 35 à 40 min, jusqu'à ce que le centre commence à prendre. Éteignez le four et laissez refroidir le gâteau dans le four pendant 1 h, puis laissez prendre au réfrigérateur pendant 4 h.

- Juste avant de servir, faites tiédir le caramel restant. Parsemez le gâteau de sucre glace, puis arrosez-le de caramel.

MILLEFEUILLE AU CHOCOLAT

Préparation : 30 min • **Cuisson** : 15 min • **Pour 4 personnes**

30 cl de lait • 90 g de sucre en poudre • 1 œuf + 1 jaune d'œuf
15 g de farine • 1 c. à s. de Maïzena®
3 c. à s. de cacao amer + 2 c. à s. pour saupoudrer
180 g de beurre • 1 rouleau de pâte feuilletée • sucre glace

- Préchauffez le four à 200 °C. Faites bouillir le lait dans une casserole.
- Dans un saladier, mélangez le sucre avec l'œuf et le jaune d'œuf au fouet. Ajoutez la farine, la Maïzena® et le cacao, et remuez bien.
- Versez cette crème dans la casserole contenant le lait et faites chauffer à feu moyen pendant 2 min, en remuant. Ajoutez la moitié du beurre, remuez, puis retirez la casserole du feu et laissez refroidir.
- Déroulez la pâte feuilletée et façonnez-la en un rectangle sur une plaque à pâtisserie tapissée de papier sulfurisé. Couvrez-la de haricots secs et faites-la cuire à blanc pendant 12 min, puis laissez-la refroidir.
- Lorsque la crème est froide, ajoutez le reste du beurre et battez au fouet électrique jusqu'à ce qu'elle épaississe.
- Découpez la pâte en 4 rectangles de même taille. Nappez un premier rectangle de 1/3 de la crème, puis ajoutez un deuxième rectangle de pâte et renouvelez l'opération jusqu'à épuisement des ingrédients.
- Parsemez le millefeuille de cacao amer et de sucre glace.

Millefeuille classique
Remplacez la préparation au chocolat par de la crème pâtissière. Glacez le gâteau avec du fondant blanc. Dessinez des striures sur la surface avec du chocolat noir fondu.

Millefeuille à la lavande
Remplacez le cacao amer par 1 c. à c. de sirop de lavande.

Millefeuille au génépi
Remplacez le cacao en poudre par 1 c. à s. de liqueur de génépi. Parsemez le millefeuille de pain d'épice mixé en chapelure.

Millefeuille léger
Remplacez la pâte feuilletée par des feuilles de brick coupées en rectangles, badigeonnées de beurre fondu et cuites au four pendant 10 min à 180 °C. Remplacez la crème au chocolat par de la crème légère fouettée avec les graines de 1 gousse de vanille.

Mince pies minute
Remplacez la garniture par 1 pot de mincemeat (au rayon britannique des supermarchés).

Sapins de Noël à l'orange
Travaillez 110 g de beurre en pommade. Incorporez 110 g de sucre et 2 œufs. Ajoutez 110 g de farine, 1 c. à c. de levure, le jus et le zeste de 1 orange. Mélangez puis versez dans des petits moules en forme de sapin. Faites cuire au four préchauffé à 180 °C pendant 30 min.

Punch de Noël
Mettez 15 cl de cointreau, 15 cl de rhum blanc, 40 cl de cognac, 50 cl de jus d'ananas, 50 cl de jus de pamplemousse, 1 l de jus d'orange, 2 c. à c. de sucre et 1,5 l de champagne dans un saladier. Réservez au frais pendant 2 h. Servez avec les tartelettes.

Cocktail Noël blanc
Versez 6 cl de vodka, 4 cl de crème de cacao blanc, 2 cl de schnaps à la menthe et de la glace pilée dans un verre à mélange. Remuez et servez dans un verre avec les tartelettes.

MINCE PIES DE NOËL

Préparation : 40 min • **Repos :** 1 h 30 • **Cuisson :** 45 min • **Pour 12 tartelettes**

500 g de pâte sablée • 2 c. à s. de sucre glace
pour la garniture : *100 g d'abricots secs • 100 g de pruneaux dénoyautés*
1 pomme • 125 g de raisins blonds • le zeste et le jus de 1/2 orange
le zeste et le jus de 1/2 citron • 10 g d'amandes effilées
3 c. à s. de rhum • 25 g de citron et d'orange confites
2 c. à c. de quatre-épices • 1 c. à c. de cannelle
1 c. à c. de noix muscade râpée • 25 g de beurre
+ supplément pour les moules • 50 g de sucre roux • 1 pincée de sel

- Coupez les abricots secs et les pruneaux en deux. Pelez la pomme, évidez-la et râpez-la.

- Mettez le tout dans une grande casserole et ajoutez tous les autres ingrédients de la garniture, à l'exception du beurre et du sucre. Faites cuire à feu doux pendant 20 min environ en remuant régulièrement. Si le mélange est trop sec, ajoutez 1 ou 2 c. à s. de jus de citron.

- Hors du feu, ajoutez le beurre et le sucre. Mélangez bien. Posez un couvercle sur la casserole, puis laissez reposer pendant 1 h 30 à température ambiante.

- Préchauffez le four à 180 °C. Abaissez la pâte au rouleau à 3 mm d'épaisseur et découpez-y 12 cercles à l'aide d'un emporte-pièce. Foncez-en 12 moules à tartelettes beurrés. Mettez 1 c. à s. de préparation au centre de chaque moule. Découpez 12 étoiles dans le reste de pâte à l'aide d'un emporte-pièce. Déposez-les sur les tartelettes.

- Faites cuire au four de 20 à 25 min, jusqu'à ce que les tartelettes soient dorées. Laissez tiédir, puis saupoudrez de sucre glace.

MOKA

Préparation : 10 min • **Cuisson** : 30 min • **Pour 6 personnes**

pour le gâteau : *4 œufs • 130 g de sucre en poudre*
50 g de beurre + supplément pour le moule • 130 g de farine
1 pincée de levure chimique • 2 c. à s. de vermicelles de chocolat
pour la crème : *125 g de beurre ramolli • 2 jaunes d'œufs*
100 g de sucre en poudre • 1 c. à s. de cacao amer
1 c. à s. d'extrait de café • 15 cl de crème fraîche épaisse bien froide

- Pour le gâteau, préchauffez le four à 180 °C. Séparez les blancs des jaunes d'œufs. Montez les blancs en neige, puis incorporez-y le sucre.

- Dans un saladier, battez les jaunes d'œufs avec le beurre jusqu'à ce que le mélange soit clair et mousseux, puis ajoutez la farine et la levure tamisées. Remuez et incorporez délicatement la meringue à la préparation.

- Versez le mélange dans un moule carré beurré et faites cuire au four pendant 30 min. Démoulez le gâteau et laissez-le refroidir.

- Pour la crème, battez le beurre et les jaunes d'œufs au fouet dans un saladier. Ajoutez le sucre en poudre, le cacao et l'extrait de café. Fouettez la crème fraîche, puis incorporez-la à la préparation.

- Coupez le gâteau en trois dans l'épaisseur. Nappez les parties inférieure et centrale de crème (réservez-en 1/3), puis reconstituez le gâteau et mettez-le sur un plat de service. Nappez la surface et les bords du reste de crème et parsemez les bords de vermicelles de chocolat.

- Réservez au réfrigérateur jusqu'au moment de servir.

Moka au biscuit de Savoie

Remplacez la base de gâteau par du biscuit de Savoie. Vous pouvez aussi utiliser une génoise prête à l'emploi.

Moka aux petits-beurre

Remplacez la base de gâteau par 40 à 50 petits-beurre passés dans du café.

Sablés au moka

Mélangez 275 g de farine, 200 g de beurre en parcelles, 90 g de sucre glace, 1 pincée de sel, 2 jaunes d'œufs et 3 c. à s. de café fort. Formez 2 boudins de pâte et réservez au frais pendant 2 h. Coupez les boudins en rondelles, déposez-les sur une plaque et faites cuire au four pendant 10 min à 180 °C.

Truffes au moka

Faites bouillir 6 cl de lait avec 100 g de crème fraîche. Hors du feu, ajoutez 1 c. à c. de café lyophilisé et 200 g de chocolat noir. Laissez fondre, puis fouettez. Versez dans des caissettes, ajoutez 1 grain de café dans chacune et laissez prendre au réfrigérateur.

Ganache au chocolat et au rhum

Faites bouillir 200 g de crème fraîche. Hors du feu, ajoutez 200 g de chocolat cassé en morceaux et 1 c. à s. de rhum. Faites fondre en remuant. Laissez refroidir.

Crème au café maison

Faites bouillir 3 c. à s. d'eau avec 75 g de sucre. Faites caraméliser sur feu moyen. Hors du feu, ajoutez-y 2 jaunes d'œufs et 1 c. à s. d'extrait de café, puis mélangez. Laissez refroidir. Incorporez 90 g de beurre en pommade.

Opéras individuels

Superposez les ingrédients dans 6 cercles à pâtisserie placés sur des assiettes. Réservez au frais. Retirez les cercles avant de servir.

Granité au Baileys

Faites bouillir 25 cl d'eau avec 40 g de sucre en poudre et 2 c. à c. de café lyophilisé. Hors du feu, ajoutez 7 cl d Baileys. Mettez au congélateur pour 4 h en grattant le mélange à la fourchette toutes les 30 min. Servez avec l'opéra.

OPÉRA

Préparation : 1 h • **Cuisson :** 40 min • **Pour 6 personnes**

pour le biscuit joconde : *4 œufs + 4 blancs • 150 g de sucre en poudre*
50 g de beurre + supplément pour le moule • 50 g de farine
160 g de poudre d'amandes
pour le sirop : *50 g de sucre en poudre • 1 c. à c. de rhum*
pour la garniture : *400 g de ganache au chocolat et au rhum*
180 g de crème au café
pour le glaçage : *200 g de couverture au chocolat • 100 g de beurre*

- Pour le biscuit, préchauffez le four à 200 °C.
- Placez une jatte au bain-marie. Mettez-y les œufs entiers avec le sucre et battez au fouet. Retirez du feu et laissez refroidir. Faites fondre le beurre. Ajoutez-le à la préparation avec la farine et la poudre d'amandes. Battez les blancs d'œufs en neige ferme et incorporez-les.
- Beurrez un moule carré et versez-y la préparation. Faites cuire au four pendant 40 min. Démoulez le gâteau et laissez-le refroidir.
- Pour le sirop, portez à ébullition 50 cl d'eau avec le sucre et le rhum. Mélangez.
- Coupez le gâteau en deux dans l'épaisseur. Nappez la partie inférieure de sirop, puis ajoutez une couche de ganache au chocolat. Lissez à la spatule puis ajoutez une couche de crème au café. Lissez de nouveau, puis ajoutez la partie supérieure du gâteau et renouvelez l'opération.
- Faites fondre la couverture pour le glaçage. Ajoutez le beurre coupé en parcelles et mélangez au fouet. Nappez l'opéra de ce glaçage.

PANFORTE DE NOËL

Préparation : 25 min • **Cuisson** : 45 min • **Pour 6 personnes**

100 g d'amandes entières • 120 g de noisettes entières
200 g de melon confit • 100 g d'écorces d'orange confites
50 g de cédrat confit • 100 g de miel d'acacia • 120 g de sucre en poudre
50 g de farine • 1 c. à c. de cannelle en poudre
1/2 c. à c. de noix muscade râpée • 1/4 c. à c. de clous de girofle en poudre
3 c. à s. de sucre glace

- Préchauffez le four à 150 °C.
- Répartissez les amandes et les noisettes sur une plaque tapissée de papier sulfurisé, et faites-les griller au four pendant 10 min. Coupez les fruits confits en dés.
- Versez le miel et le sucre dans une casserole et portez à ébullition.
- Mettez les fruits secs et les fruits confits dans un saladier, puis arrosez du sirop au miel. Ajoutez la farine et les épices. Mélangez jusqu'à l'obtention d'une pâte homogène.
- Tapissez un moule rectangulaire de papier sulfurisé, puis versez-y la préparation.
- Faites cuire au four pendant 30 min.
- Sortez le gâteau du four et démoulez-le délicatement. Laissez-le refroidir, puis saupoudrez-le de sucre glace.

Panforte au chocolat

Ajoutez 100 g de chocolat noir fondu à la préparation.

Glace au nougat

Faites bouillir 35 cl de lait entier et 15 cl de crème fraîche. Ajoutez 150 g de nougat et mélangez. Battez 6 jaunes d'œufs avec 20 g de sucre glace, puis incorporez le lait en fouettant. Remettez le tout dans la casserole et chauffez pendant 1 min en remuant. Laissez refroidir, puis faites turbiner en sorbetière. Servez avec le panforte.

Glace au miel

Reprenez la recette ci-dessus en remplaçant le nougat par 120 g de miel. Servez avec le panforte.

Toffees de Noël

Faites chauffer 250 g de sucre en poudre, 100 g de crème fleurette, 50 g de miel et 50 g de cacao en poudre, à feu doux, en remuant, jusqu'à ce que le mélange soit ambré. Versez dans un moule carré, laissez prendre, puis coupez en carrés.

PARIS-BREST

Préparation : 40 min • **Repos :** 30 min • **Cuisson :** 30 min • **Pour 6 personnes**

pour la crème au praliné : *4 jaunes d'œufs • 90 g de sucre en poudre*
35 g de farine • 35 g de Maïzena® • 50 cl de lait
100 g de pâte de pralin • 100 g de beurre
pour la pâte à choux : *70 g de beurre • 120 g de farine*
20 g de sucre en poudre • 3 œufs + 1 jaune • 70 g d'amandes effilées • sel

- Pour la crème, battez au fouet les jaunes d'œufs avec le sucre, puis ajoutez la farine et la Maïzena®. Portez le lait à ébullition dans une casserole, puis versez-le en fouettant sur le mélange. Remettez le tout dans la casserole et portez à ébullition. Délayez le pralin avec un peu de la crème, puis incorporez-le à la crème. Laissez tiédir, puis ajoutez la moitié du beurre coupé en dés. Fouettez et réservez au réfrigérateur pendant 30 min. Travaillez le reste de beurre en pommade et incorporez-le à la crème au fouet électrique. Réservez au réfrigérateur.

- Pour la pâte à choux, préchauffez le four à 200 °C. Faites fondre le beurre avec 25 cl d'eau dans une casserole. Ajoutez la farine, le sucre et 1 pincée de sel en une fois. Remuez bien pendant 3 min. Laissez refroidir pendant 5 min, puis incorporez les œufs entiers l'un après l'autre, en fouettant bien entre chaque ajout.

- À l'aide d'une poche à douille, formez 6 couronnes de pâte et déposez-les sur une plaque à pâtisserie recouverte de papier sulfurisé. Badigeonnez-les de jaune d'œuf et parsemez-les d'amandes effilées. Faites cuire au four pendant 20 min, puis laissez refroidir.

- Coupez chaque couronne en deux dans l'épaisseur. Garnissez les bases de crème à l'aide d'une poche à douille. Reconstituez les couronnes et réservez au frais.

Paris-brest au citron

Faites bouillir 50 cl de lait avec le jus et le zeste de 1 citron. Dans une jatte, battez 6 jaunes d'œufs avec 70 g de sucre. Ajoutez 2 c. à s. de Maïzena® et le lait en remuant. Remettez le tout dans la casserole et faites épaissir sur feu moyen. Hors du feu, ajoutez 1 feuille de gélatine dissoute dans de l'eau et 20 cl de chantilly. Laissez refroidir, puis garnissez les gâteaux de cette crème.

Paris-brest au citron et aux fraises

Reprenez la recette précédente et ajoutez 250 g de fraises coupées en deux à la crème.

Paris-brest léger

Fouettez 1 l de crème liquide en chantilly avec 100 g de sucre. Ajoutez-y les graines de 2 gousses de vanille. Garnissez les gâteaux de cette crème.

Paris-brest à la vanille et à la mangue

Faites caraméliser 1 mangue pelée et coupée en dés à la poêle avec 40 g de sucre. Laissez refroidir et ajoutez les morceaux à la crème à la vanille ci-dessus.

Pavé au chocolat blanc et à la noix de coco
Ajoutez 100 g de noix de coco râpée à la ganache.

Pétales de rose confits
Passez 30 pétales de rose dans 1 blanc d'œuf battu, puis dans du sucre glace. Déposez-les sur une plaque et faites sécher pendant 1 h 30 à four très doux. Décorez-en le gâteau.

Kir royal
Versez 2 cl de crème de cassis dans une flûte à champagne et ajoutez 9 cl de champagne. Servez avec le gâteau.

Mimosa
Versez 8 cl de jus d'orange, 4 cl de champagne et 1 c. à c. de Cointreau dans une flûte à champagne. Servez avec le gâteau.

PAVÉ AU CHOCOLAT BLANC

Préparation : 30 min • **Repos :** 30 min • **Cuisson :** 1 h 30 • **Pour 12 personnes**

125 g de beurre + supplément pour le moule • 100 g de chocolat blanc
175 g de sucre en poudre • 12,5 cl de lait • 175 g de farine
1 sachet de levure chimique • 1 œuf • 1 c. à c. d'extrait de vanille liquide
***pour la ganache :** 200 g de crème fraîche épaisse*
300 g de chocolat blanc
***pour la décoration :** 200 g de couverture au chocolat blanc*
pétales de rose

- Préchauffez le four à 160 °C. Coupez le beurre en parcelles et le chocolat en morceaux. Faites-les fondre dans une casserole avec le sucre et le lait, en remuant, sans laisser bouillir. Mettez la farine et la levure tamisées dans un saladier et ajoutez-y ce mélange. Remuez, puis incorporez l'œuf et l'extrait de vanille.

- Beurrez un moule carré et versez-y la préparation. Faites cuire au four de 1 h 15 à 1 h 30. Laissez refroidir dans le moule pendant 10 min, puis retournez le gâteau sur une grille et laissez refroidir complètement.

- Pour la ganache, mettez la crème fraîche et le chocolat coupé en morceaux dans une casserole, et faites chauffer à feu doux, en remuant, jusqu'à ce que le chocolat soit bien fondu. Versez dans un bol et laissez refroidir, à couvert, en remuant de temps à autre, pendant 30 min environ.

- Nappez la surface et les bords du gâteau de ganache, sans lisser la surface. Pour la décoration, faites fondre la couverture. Découpez des rectangles de papier sulfurisé et nappez-les d'une fine couche de chocolat. Laissez les bords des rectangles se relever pour former des boucles de chocolat. Laissez prendre, puis décorez-en le gâteau. Ajoutez les pétales de rose.

PIÈCE MONTÉE DE MACARONS GLACÉS

Préparation : 45 min • **Cuisson** : aucune • **Pour 8 personnes**

2 blancs d'œufs • 2 c. à s. rases de sucre glace
8 macarons à la pistache • 8 macarons au cassis
8 boules de sorbet à la framboise • 8 boules de sorbet à l'orange
2 bases en meringue prêtes à l'emploi • 6 minimeringues
groseilles et framboises, pour décorer

- Dans un saladier, battez les blancs en neige à l'aide d'un fouet électrique. Incorporez progressivement le sucre glace tamisé, en fouettant bien entre chaque ajout, jusqu'à épaississement du glaçage.

- Séparez le haut et le bas des macarons et retirez la ganache. Garnissez chaque partie inférieure de macaron à la pistache de 1 boulet de sorbet à la framboise et recouvrez avec la partie supérieure. Garnissez chaque partie inférieure de macaron au cassis de 1 boulet de sorbet à l'orange et recouvrez avec la partie supérieure.

- Placez une base en meringue au centre d'une plat de service. Nappez-la généreusement de glaçage. Répartissez 5 macarons à la pistache garnis et 5 macarons au cassis garnis en cercle sur la base. Nappez le dessus des macarons de glaçage puis déposez la deuxième base de meringue par-dessus. Nappez de glaçage et répartissez les macarons restants en cercle par dessus.

- Déposez un peu de sorbet sur les 6 macarons supérieurs et surmontez-les de 1 minimeringue chacun. Décorez avec les groseilles et les framboises. Servez sans attendre.

Glaçage rose
Ajoutez un peu de jus de betterave cuite aux blancs d'œufs avant de les battre en neige.

Pièce montée de macarons et de guimauves
Remplacez les fruits rouges par des miniguimauves colorées. Vous pouvez également utiliser des bonbons gélifiés.

Pièce montée de meringues
Remplacez les macarons par de petites meringues prêtes à l'emploi.

Pièce montée à la nougatine
Faites un caramel à sec en faisant chauffer 250 g de sucre en poudre. Quand il est fondu, ajoutez 125 g d'amandes concassées grillées, mélangez, puis versez sans attendre dans un cercle à pâtisserie posé sur du papier sulfurisé. Divisez en deux, étalez, puis laissez prendre. Remplacez les bases de meringue par celle-ci.

PROFITEROLES AU CHOCOLAT

Préparation : 45 min • **Cuisson** : 45 min • **Pour 6 personnes**

pour les choux *: 120 g de beurre • 1 c. à s. de sucre en poudre*
140 g de farine • 4 œufs • sel
pour la sauce au chocolat *: 175 g de chocolat noir à pâtisserie*
30 g de beurre • 15 cl de lait
pour la garniture *: 50 cl de glace à la vanille*

- Pour les choux, préchauffez le four à 210 °C. Coupez le beurre en parcelles et mettez-les dans une casserole. Ajoutez le sucre, 2 pincées de sel et 25 cl d'eau. Faites chauffer en remuant, jusqu'à l'obtention d'une crème homogène.

- Hors du feu, ajoutez la farine en une seule fois, en battant bien au fouet. Remettez la casserole sur le feu et faites chauffer à feu doux en mélangeant vivement jusqu'à ce que la pâte se détache de la casserole. Hors du feu, ajoutez les œufs entiers un à un, en battant avec un fouet électrique.

- Mettez la pâte dans une poche munie d'une douille lisse. Formez de petites boules de pâte sur une plaque à pâtisserie recouverte de papier sulfurisé, en les espaçant bien. Faites cuire au four pendant 30 min en laissant la porte entrouverte. Sortez les choux du four et laissez-les refroidir.

- Pour la sauce, cassez le chocolat en morceaux et mettez-les dans une jatte. Coupez le beurre en parcelles et ajoutez-les au chocolat avec le lait. Faites fondre au bain-marie.

- Coupez les petits choux aux 3/4 de leur hauteur. Garnissez chacun de 1 boule de glace à la vanille. Reconstituez les choux. Répartissez les profiteroles dans des assiettes à dessert et arrosez-les de sauce au chocolat. Servez aussitôt.

Profiteroles à la menthe

Remplacez la glace à la vanille par de la glace à la menthe et aux pépites de chocolat. Ajoutez quelques gouttes d'arôme de menthe dans la sauce au chocolat.

Profiteroles à la violette

Fouettez 30 cl de crème liquide très froide en chantilly, puis incorporez-y 4 c. à s. de confiture de violettes. Garnissez les profiteroles de ce mélange et nappez-les de sauce au caramel ou de chantilly.

Profiteroles aux pommes

Remplacez la glace à la vanille par 300 g de dés de pommes poêlés avec du beurre, et la sauce au chocolat par du caramel au beurre salé. Ajoutez 1 pincée de cannelle à la pâte à choux.

Aumônières de crêpes façon profiteroles

Garnissez des crêpes de glace à la vanille. Relevez les bords autour de la glace et nouez-les avec de la ficelle de cuisine. Nappez de chocolat et servez.

PYRAMIDE AUX FRAISES

Préparation : 20 min • **Cuisson** : 5 min • **Pour 4 personnes**

2 rouleaux de pâte feuilletée • 500 g de fraises • 4 c. à s. de sucre glace
***pour la crème :** 50 cl de lait • 3 jaunes d'œufs • 25 g de beurre*
1 c. à s. de Maïzena®

- Préchauffez le four à 210 °C.
- Déroulez les pâtes feuilletées et découpez-y 12 cercles à l'aide d'un emporte-pièce rond. Disposez les cercles de pâte sur une plaque à pâtisserie recouverte de papier sulfurisé. Mettez une autre plaque par-dessus pour éviter que la pâte ne gonfle à la cuisson. Faites cuire au four pendant 1 min, puis laissez refroidir.
- Pour la crème, portez le lait à ébullition dans une casserole.
- Dans un saladier, battez les jaunes d'œufs au fouet avec le beurre jusqu'à ce que le mélange blanchisse. Ajoutez la Maïzena® et fouettez.
- Versez peu à peu le lait bouillant dans le mélange en fouettant. Remettez le tout dans la casserole et faites cuire doucement jusqu'à ce que le mélange épaississe, en fouettant sans arrêt.
- Versez la crème dans le saladier et laissez refroidir complètement.
- Rincez les fraises et coupez les plus grosses en deux.
- Montez les pyramides : nappez généreusement 4 disques de pâte de crème. Répartissez la moitié des fraises par-dessus puis renouvelez l'opération en terminant par les disques de pâte.
- Parsemez les pyramides de sucre glace.

Pyramide à la pâte filo

Remplacez les disques de pâte feuilletée par des feuilles de pâte filo pliées en quatre, badigeonnées de beurre et parsemées de sucre glace, puis cuites au four pendant 5 min.

Pyramide à la rose et au litchi

Aromatisez la crème avec 1 c. à s. d'eau de rose. Remplacez les fraises par des litchis pelés et dénoyautés. Décorez la pyramide avec des framboises.

Pyramide aux fraises express

Remplacez les disques de pâte feuilletée par de grosses galettes bretonnes, et la crème par de la chantilly prête à l'emploi.

Pyramide de chips de pomme

Coupez 4 pommes en très fines rondelles et faites-les frire dans un bain d'huile. Laissez refroidir. Superposez les rondelles en déposant entre elles 1 ou 2 c. à s. de crème fouettée à la vanille.

Glace aux calissons

Faites chauffer doucement 50 cl de lait avec 15 calissons coupés en dés, pendant 20 min. Battez 4 jaunes d'œufs, puis incorporez-y le lait en fouettant. Versez le tout dans la casserole et faites épaissir sur feu doux en remuant. Laissez refroidir, puis faites turbiner en sorbetière. Servez avec le gâteau.

Glace aux pralines roses

Reprenez la recette ci-dessus en remplaçant les calissons par des pralines roses.

Glace aux bergamotes

Reprenez la recette de la glace aux calissons et remplacez les calissons par des bergamotes.

Crème anglaise à la pistache

Portez à ébullition 25 cl de lait entier avec 1 gousse de vanille et 3 gouttes de colorant alimentaire vert. Incorporez-le petit à petit à 4 jaunes d'œufs battus avec 50 g de sucre. Versez dans la casserole et faites épaissir sur feu doux en fouettant, sans laisser bouillir. Ajoutez 50 g de pistaches concassées.

REINE DE SABA

Préparation : 30 min • **Cuisson** : 30 min • **Pour 6 personnes**

125 g de chocolat noir à pâtisserie • 60 g de beurre + supplément pour le moule • 3 œufs • 125 g de sucre en poudre 2 c. à s. de Maïzena® • 75 g de poudre d'amandes

- Préchauffez le four à 180 °C.
- Cassez le chocolat en morceaux et faites-le fondre au bain-marie. Dès qu'il devient mou, retirez-le du feu puis ajoutez le beurre coupé en parcelles et mélangez.
- Séparez les blancs des jaunes d'œufs. Dans une terrine, battez les jaunes d'œufs et le sucre au fouet jusqu'à ce que le mélange blanchisse. Ajoutez ensuite la Maïzena® et la poudre d'amandes.
- Battez les blancs d'œufs en neige ferme, puis incorporez-les très délicatement à la préparation.
- Versez cette pâte dans un moule à manqué beurré.
- Faites cuire au four pendant 25 min.
- Démoulez le gâteau et laissez-le refroidir complètement avant de servir.

Saint-honoré au chocolat
Montez 50 cl de crème fleurette en chantilly, incorporez délicatement 100 g de sucre glace et 1 c. à c. de cacao amer. Décorez le gâteau de cette crème.

Saint-honoré facile
Remplacez la crème chiboust par de la crème pâtissière prête à l'emploi et utilisez du caramel liquide.

Saint-honoré au caramel rouge
Ajoutez le jus de 1/2 citron et quelques gouttes de colorant alimentaire rouge au caramel.

Saint-honoré à la pistache
Battez au fouet 50 g de beurre avec 30 g de pâte de pistaches et incorporez le mélange à la crème chiboust.

SAINT-HONORÉ

Préparation : 45 min • **Cuisson** : 30 min • **Pour 6 personnes**

1 rouleau de pâte feuilletée • 24 choux pâtissiers
pour la crème chiboust : *2 feuilles de gélatine • 25 cl de lait*
2 jaunes d'œufs • 115 g de sucre en poudre • 25 g de Maïzena®
50 g de beurre • 1 blanc d'œuf
pour le caramel : *125 g de sucre en poudre*

- Pour la crème, faites tremper la gélatine dans de l'eau pendant 10 min. Égouttez-la. Portez le lait à ébullition. Dans un saladier, battez les jaunes d'œufs au fouet avec 30 g de sucre. Ajoutez la Maïzena® et battez. Versez le lait bouillant sans cesser de fouetter.

- Versez le tout dans une casserole et faites épaissir. Remettez dans le saladier. Incorporez la gélatine, puis le beurre.

- Montez le blanc d'œuf en neige ferme. Faites un sirop en faisant chauffer le sucre restant avec 2 cl d'eau. Incorporez-le au blanc d'œuf en battant au fouet électrique. Incorporez cette meringue à la crème. Laissez refroidir.

- Pour la base du gâteau, préchauffez le four à 180 °C. Déroulez la pâte feuilletée sur une plaque recouverte de papier sulfurisé. Faites cuire à blanc de 12 à 15 min, jusqu'à ce qu'elle soit dorée.

- Pour dresser le gâteau, faites un petit trou à la base des choux. Garnissez-les de crème chiboust à l'aide d'une poche à douille.

- Préparez un caramel en faisant fondre le sucre à sec dans une casserole. Disposez 14 choux en cercle sur la pâte feuilletée, en les fixant avec du caramel. Nappez-les de caramel, puis ajoutez les choux restants par-dessus, en un cercle plus petit. Nappez-les de caramel. Garnissez le centre du gâteau de crème chiboust.

STOLLEN AUX FRUITS SECS

Préparation : 40 min • **Repos :** 2 h • **Cuisson :** 40 min • **Pour 10 personnes**

pour la pâte briochée : *15 g de levure de boulanger • 13 cl de lait 400 g de farine • 50 g de sucre en poudre • 1 sachet de sucre vanillé 1/2 c. à c. de cannelle • 1 c. à c. d'extrait d'amande amère 4 jaunes d'œufs • 75 g de beurre fondu • sel*
pour la garniture : *50 g de raisins secs blancs • 50 g de raisins secs noirs 50 g d'écorces d'orange confites • 15 cl de rhum • 50 g de citrons confits 50 g d'amandes effilées • 50 g de cerises confites*
pour la décoration : *75 g de beurre fondu • sucre glace*

- Faites macérer les raisins secs et les écorces d'orange confites dans le rhum et un peu d'eau chaude.

- Pour la pâte briochée, délayez la levure dans le lait tiède. Mettez la farine dans un saladier avec les sucres, 1/2 c. à c. de sel, la cannelle et l'extrait d'amande amère. Mélangez, puis creusez un puits et ajoutez les jaunes d'œufs, le beurre fondu et la levure. Pétrissez jusqu'à l'obtention d'une pâte homogène. Formez une boule dans le saladier. Préchauffez le four à 60 °C, éteignez-le, posez y un bol d'eau, puis le saladier recouvert d'un torchon. Fermez la porte du four et laissez gonfler pendant 1 h 30.

- Appuyez sur la pâte pour évacuer les gaz, puis incorporez-y les raisins secs et les écorces d'orange confites égouttés, les citrons confits, les amandes effilées et les cerises confites. Pétrissez bien puis remettez dans le four éteint pour 30 min.

- Préchauffez le four à 170 °C. Façonnez la pâte en un gros boudin ovale légèrement aplati. Déposez le stollen sur une plaque à pâtisserie recouverte de papier sulfurisé et faites cuire au four pendant 35 minutes. Badigeonnez le gâteau de beurre fondu et saupoudrez-le de sucre glace. Laissez refroidir.

Stollen à la pâte d'amandes

Façonnez 200 g de pâte d'amandes en un fin boudin et placez-le au milieu de la pâte briochée juste avant la cuisson. Repliez les bords de la pâte par-dessus.

Stollen perdu

Battez 3 œufs avec 20 cl de lait et 3 c. à s. de sucre en poudre. Passez rapidement des tranches de stollen dans ce mélange, puis faites-les dorer à la poêle avec un peu de beurre, pendant 1 min sur chaque face.

Stollen perdu au chocolat

Reprenez la recette ci-dessus en faisant fondre 100 g de chocolat noir avec le lait avant de poursuivre la recette.

Coulis de cerise

Faites compoter 500 g de cerises dénoyautées à feu doux, puis mixez-les. Ajoutez 50 g de sucre en poudre et mixez de nouveau. Servez avec le stollen.

STRUDEL AUX POMMES

Préparation : 20 min • **Repos :** 30 min • **Cuisson :** 30 min • **Pour 4 personnes**

pour la pâte : *1 œuf • 150 g de farine • 40 g de beurre demi-sel ramolli*
20 g de sucre en poudre
pour la garniture : *3 pommes • 30 g de beurre doux*
80 g de cassonade • 50 g de raisins secs • 40 g de noix hachées

- Pour la pâte, battez l'œuf dans un bol. Dans un saladier, mélangez la farine avec le beurre demi-sel, l'œuf battu et le sucre. Formez une boule de pâte, enveloppez-la dans du film alimentaire et réservez-la au réfrigérateur pendant 30 min.

- Préchauffez le four à 210 °C.

- Pour la garniture, pelez les pommes, évidez-les et taillez-les en petits dés. Faites fondre le beurre doux. Mettez les dés de pommes dans un saladier et ajoutez la cassonade, le beurre fondu et les fruits secs. Mélangez bien.

- Abaissez la pâte au rouleau en un rectangle de 3 mm d'épaisseur. Déposez la garniture par-dessus et enroulez la pâte pour former un boudin.

- Faites cuire au four pendant 30 min. Dégustez tiède.

Strudel à la cannelle

Ajoutez 1 c. à c. de cannelle à la préparation. Saupoudrez le gâteau de cannelle juste avant de servir. Vous pouvez ajouter 1/2 c. à c. de quatre-épices à la préparation.

Strudel aux coings

Remplacez les pommes par 2 coings coupés en dés et revenus à la poêle avec du beurre. Remplacez le sucre par 4 ou 5 c. à s. de miel.

Strudel aux cerises

Remplacez la préparation aux pommes par 700 g de cerises dénoyautées revenues à la poêle avec du beurre. Ajoutez 2 c. à s. d'amandes effilées.

Strudel à la pâte filo

Badigeonnez 6 feuilles de pâte filo de beurre fondu et superposez-les. Garnissez-les de préparation aux pommes, puis roulez délicatement. Faites cuire au four pendant 20 min.

TIRAMISU

Préparation : 15 min • **Repos** : 12 h • **Cuisson** : aucune • **Pour 8 personnes**

3 œufs • 100 g de sucre en poudre • 1 sachet de sucre vanillé
250 g de mascarpone • 40 cl de café noir fort • 24 biscuits à la cuillère
30 g de cacao amer en poudre

- Séparez les blancs des jaunes d'œufs. Dans un saladier, fouettez les jaunes avec le sucre et le sucre vanillé puis ajoutez le mascarpone sans cesser de fouetter.
- Montez les blancs d'œufs en neige ferme, puis incorporez-les délicatement au mélange précédent à l'aide d'une maryse.
- Versez le café dans une assiette creuse. Passez-y rapidement les biscuits à la cuillère.
- Tapissez le fond d'un moule à cake de biscuits. Recouvrez d'une couche de crème. Renouvelez l'opération jusqu'à épuisement des ingrédients, en terminant par une couche de crème.
- Laissez prendre au réfrigérateur pendant 12 h.
- Juste avant de servir, parsemez le tiramisu de cacao amer.

Tiramisu aux spéculoos
Remplacez les biscuits à la cuillère par la même quantité de spéculoos. Vous pouvez également utiliser des petits-beurre.

Tiramisu à la mangue
Remplacez le café par du jus de fruits exotiques. Pelez 2 mangues, coupez-les en dés, puis écrasez-en 1/4 en purée. Incorporez-la au mélange au mascarpone. Alternez les couches de biscuits, de crème et de dés de mangues. Supprimez le cacao.

Tiramisu au quatre-quarts et au Nutella®
Remplacez les biscuits à la cuillère par du quatre-quarts coupé en bâtonnets épais et nappez-les d'une couche généreuse de Nutella® avant d'ajouter le mascarpone.

Tiramisu au tofu
Délayez 1 c. à c. d'agar-agar dans 3 c. à s. de lait et faites bouillir pendant 30 sec. Remplacez le mascarpone par du tofu soyeux et battez-le vigoureusement avec le lait bouillant et les jaunes d'œufs avant d'incorporer les blancs d'œufs.

TRIANON

Préparation : 40 min • **Repos :** 8 h • **Cuisson :** 30 min • **Pour 8 personnes**

pour la dacquoise : *3 blancs d'œufs • 40 g de sucre en poudre*
90 g de poudre de noisettes • 100 g de sucre glace
pour le croustillant au praliné : *250 g de chocolat pralinoise*
9 petites crêpes dentelles de type gavottes • 40 g de pralin
pour la mousse au chocolat : *300 g de chocolat noir*
50 cl de crème fleurette

- Pour la dacquoise, préchauffez le four à 160 °C. Montez les blancs d'œufs en neige ferme et incorporez-y progressivement le sucre en poudre. Versez la poudre de noisettes et le sucre glace dans un saladier, mélangez, puis incorporez délicatement les blancs en neige. Placez un carré en métal sur une plaque à pâtisserie recouverte de papier sulfurisé et versez la pâte dans le carré à l'aide d'une poche à douille. Lissez à la spatule. Faites cuire au four pendant 30 min.

- Pour le croustillant au praliné, faites fondre la pralinoise au bain-marie. Écrasez grossièrement les crêpes dentelles et ajoutez-les hors du feu à la pralinoise fondue. Incorporez le pralin et remuez.

- Pour la mousse au chocolat, faites fondre le chocolat au bain-marie. Montez la crème fleurette en chantilly, puis mélangez délicatement les deux préparations à l'aide d'une maryse.

- Placez la dacquoise sur un plat de service, dans le carré en métal. Étalez le croustillant au praliné en une fine couche par-dessus et lissez à la spatule. Laissez prendre au réfrigérateur pendant 30 min. Versez ensuite la mousse au chocolat sur le croustillant. Lissez les bords et la surface à la spatule, puis tracez des motifs à la surface. Réservez au réfrigérateur pendant toute une nuit.

Trianon à la menthe
Aromatisez la mousse au chocolat avec 1 c. à s. d'alcool de menthe.

Trianon aux corn-flakes
Remplacez les crêpes dentelles par des corn-flakes.

Trianon à l'orange
Ajoutez le zeste et le jus de 1 orange aux ingrédients du croustillant. Vous pouvez remplacer la pralinoise par du chocolat à l'orange.

Café royal
Préparez 1 café et versez-le dans une chope. Imbibez 1 morceau de sucre de cognac et faites-le flamber avant de le mettre dans le café. Mélangez, puis servez avec le gâteau.

TROPÉZIENNE

Préparation : 30 min • **Repos :** 2 h • **Cuisson :** 30 min • **Pour 8 personnes**

pour la pâte briochée : *15 g de levure de boulanger • 13 cl de lait
400 g de farine • 50 g de sucre en poudre • 4 jaunes d'œufs
75 g de beurre + supplément pour le moule
1 c. à s. d'eau de fleur d'oranger • 1 c. à s. de grains de sucre • sel*
pour la crème : *50 cl de lait • 1 gousse de vanille • 125 g de sucre en poudre
2 œufs • 50 g de farine • 30 cl de crème fleurette • 1 sachet de sucre vanillé*

- Pour la pâte briochée, délayez la levure dans le lait tiède. Mettez la farine dans un saladier avec le sucre et 1/2 c. à c. de sel. Mélangez, puis faites un puits et ajoutez les jaunes d'œufs, le beurre fondu, l'eau de fleur d'oranger, puis la levure délayée. Pétrissez jusqu'à l'obtention d'une pâte homogène. Rassemblez-la en boule dans le saladier. Préchauffez le four à 60 °C, éteignez-le, posez-y un bol d'eau puis le saladier recouvert d'un torchon. Fermez la porte du four et laissez gonfler pendant 1 h 30.

- Appuyez sur la pâte pour évacuer les gaz. Pétrissez, puis remettez dans le four éteint pour 30 min. Retirez du four. Préchauffez le four à 180 °C. Beurrez un moule à manqué et versez-y la pâte. Saupoudrez de grains de sucre. Faites cuire au four pendant 30 min. Laissez refroidir complètement.

- Pour la crème, portez le lait à ébullition dans une casserole avec les graines de la gousse de vanille. Dans un saladier, mélangez le sucre, les œufs et la farine. Versez le lait chaud en remuant. Remettez le tout dans la casserole et portez à ébullition en remuant. Retirez du feu et laissez refroidir. Coupez la brioche en deux dans l'épaisseur. Fouettez la crème fleurette en chantilly avec le sucre vanillé. Incorporez-la à la crème pâtissière. Répartissez cette crème sur la base du gâteau puis reconstituez la brioche.

Tropézienne glacée au miel

Faites bouillir 5 cl de crème liquide, 40 g de beurre et 3 c. à s. de miel, et remuez. Ajoutez 80 g d'amandes effilées grillées. Nappez le gâteau de ce glaçage avant d'enfourner. Supprimez les grains de sucre.

Minitropéziennes

Séparez la pâte à brioche en 16 boules avant de les laisser reposer. Faites cuire au four de 12 à 15 min seulement. Garnissez les minibrioches de crème.

Brioche aux raisins secs

Supprimez l'eau de fleur d'oranger de la pâte à brioche et remplacez-la par 100 g de raisins secs préalablement trempés dans de l'eau. Supprimez la garniture de crème.

Infusion glacée à l'eau de fleur d'oranger

Mélangez le jus de 2 citrons avec 30 g de sucre et 15 cl d'eau de fleur d'oranger. Mélangez bien, ajoutez beaucoup de glaçons et servez avec le gâteau.

PETITS GÂTEAUX ET MIGNARDISES

BABAS AU RHUM

Préparation : 25 min • **Repos :** 1 h 45 • **Cuisson :** 20 min • **Pour 12 minibabas**

pour les babas : *10 g de levure de boulanger*
80 g de beurre ramolli + supplément pour le moule • 150 g de farine
2 œufs • 25 g de sucre en poudre • sel
pour le sirop : *220 g de sucre en poudre • 5 c. à s. de rhum*

- Délayez la levure dans un peu d'eau tiède. Coupez le beurre en parcelles.
- Versez la farine tamisée et 1 pincée de sel dans un saladier. Creusez un puits au centre. Battez les œufs et versez-les dans le puits avec le sucre et la levure.
- Pétrissez bien jusqu'à l'obtention d'une pâte lisse et élastique. Ajoutez le beurre, couvrez d'un linge et laissez reposer pendant 45 min dans un endroit chaud.
- Dégazez la pâte avec la paume de la main, puis répartissez-la dans les alvéoles préalablement beurrées d'un moule à muffins, en les remplissant à mi-hauteur. Laissez gonfler pendant 1 h.
- Préchauffez le four à 200 °C.
- Faites cuire les babas au four pendant 15 min. Sortez-les du four, démoulez-les aussitôt sur une grille et laissez refroidir.
- Pour le sirop, versez le sucre et 40 cl d'eau dans une casserole et portez à ébullition. Baissez le feu et laissez frémir pendant 15 min. Retirez du feu et ajoutez le rhum.
- Servez les babas généreusement arrosés de sirop au rhum.

Babas au limoncello
Remplacez le rhum par du limoncello. Ajoutez le zeste de 1/2 citron à la pâte.

Babas au citron vert
Faites bouillir 20 cl de jus de citron vert avec 30 cl d'eau et 100 g de sucre en poudre, puis laissez refroidir. Arrosez les babas de ce sirop.

Babas à l'orange
Ajoutez le jus et le zeste de 1 orange à la pâte à baba. Préparez un sirop en faisant chauffer sur feu doux 20 cl de jus d'orange, le jus de 1 citron, 10 cl d'eau et 100 g de sucre. Arrosez les babas de ce sirop.

Babas sans beurre
Battez 3 jaunes d'œufs avec 70 g de sucre en poudre jusqu'à ce que le mélange blanchisse. Ajoutez 1 sachet de levure chimique, 130 g de farine, et 2 c. à s. de lait, puis 3 blancs d'œufs battus en neige. Versez dans un moule à muffins et faites cuire au four préchauffé à 180 °C pendant 20 min.

BARQUETTES AUX MIRABELLES

Préparation : 15 min • **Cuisson** : 20 min • **Pour 20 barquettes**

125 g de beurre + supplément pour les moules • 5 blancs d'œufs
100 g de sucre en poudre • 125 g de poudre de pistaches
125 g farine • 150 g de confiture de mirabelles

- Préchauffez le four à 180 °C.
- Faites fondre le beurre dans une petite casserole. Battez les blancs d'œufs en neige ferme.
- Mettez le sucre, la poudre de pistaches et la farine dans une jatte et mélangez.
- Incorporez délicatement les blancs d'œufs au mélange à l'aide d'une maryse. Ajoutez le beurre fondu et la confiture.
- Beurrez 20 moules à calissons et répartissez-y la préparation.
- Faites cuire au four pendant 20 min.
- Laissez refroidir avant de démouler.

Barquettes aux pommes et au romarin
Remplacez la confiture par 2 pommes coupées en dés et mises à compoter pendant 10 min avec du beurre. Ajoutez 1 c. à c. de sirop de romarin.

Barquettes à la framboise et à la rose
Remplacez la confiture de mirabelles par de la confiture de framboises. Ajoutez 1 c. à c. d'eau de rose.

Barquettes au citron et à la verveine
Remplacez la confiture par du lemon curd. Faites infuser 1 sachet de verveine dans du lait bouillant pendant 10 min, puis laissez refroidir et ajoutez-le à la préparation.

Barquettes à l'abricot et à la noix de coco
Remplacez 50 g de sucre en poudre par de la noix de coco râpée, et la confiture par la marmelade d'abricots.

Bonshommes aux bonbons
Remplacez les raisins secs et les cerises confites par des bonbons au chocolat de type Smarties® ou des petits bonbons ronds gélifiés.

Bonshommes au cacao
Ajoutez 2 c. à s. de cacao amer en poudre à la préparation.

Männele
Préparez une pâte briochée et façonnez des petits bonshommes avant de laisser lever la pâte. Faites cuire au four préchauffé à 180 °C de 15 à 20 min.

Männele aux épices
Reprenez la recette ci-dessus en ajoutant 1 c. à c. d'épices pour pain d'épice à la pâte briochée.

BONSHOMMES DE PAIN D'ÉPICE

Préparation : 20 min • **Repos** : 2 h • **Cuisson** : 10 min • **Pour 12 bonshommes**

pour la pâte : *350 g de farine + supplément pour le plan de travail*
4 c. à c. de levure • 170 g de cassonade • 1/2 c. à c. de cannelle
1/2 c. à c. de badiane en poudre • 1/2 c. à c. de gingembre en poudre
1/2 c. à c. de noix muscade râpée • 100 g de beurre ramolli
1 œuf • 100 g de miel liquide doux
pour la décoration : *raisins secs • cerises confites*

- Pour la pâte, mélangez tous les ingrédients secs dans un saladier.
- Ajoutez le beurre et remuez bien jusqu'à ce que le mélange devienne sableux. Incorporez l'œuf et le miel, puis travaillez la pâte jusqu'à ce qu'elle soit souple et homogène.
- Formez une boule, mettez-la dans le saladier, couvrez d'un torchon et laissez reposer à température ambiante pendant 2 h.
- Préchauffez le four à 160 °C.
- Étalez la pâte avec un rouleau sur le plan de travail fariné. Confectionnez les bonshommes à l'aide d'un emporte-pièce.
- Déposez les biscuits sur une plaque à pâtisserie recouverte de papier sulfurisé. Dessinez les yeux, le nez et les boutons avec des petits bouts de raisins secs, et le sourire avec un morceau de cerise confite.
- Faites cuire au four de 7 à 10 min : les biscuits doivent tout juste commencer à dorer.
- Laissez refroidir sur la plaque pendant quelques minutes.

BOUCHÉES À LA CONFITURE DE ROSES

Préparation : 10 min • **Cuisson** : 20 min • **Pour 20 à 30 bouchées**

1 œuf • 10 cl de lait • 300 g de confiture de roses • 3 cl de sirop de rose
3 cl de sirop de pamplemousse • 3 c. à s. d'huile • 200 g de farine
50 g de Maïzena® • 1 sachet de levure chimique • sel

- Préchauffez le four à 180 °C.
- Dans un saladier, battez l'œuf avec le lait.
- Ajoutez la confiture, les sirops et l'huile. Remuez bien.
- Incorporez la farine, la Maïzena® et la levure tamisée, ainsi que 1 pincée de sel.
- Répartissez la préparation dans les alvéoles de 1 ou 2 moules à minimuffins.
- Faites cuire au four pendant 20 min.
- Laissez refroidir avant de déguster.

Confiture de roses maison
Mettez 350 g de pétales de roses dans un faitout avec le jus de 2 citrons, 50 cl d'eau et faites cuire à feu doux jusqu'à évaporation du liquide. Ajoutez 550 g de sucre cristallisé et remuez sur feu doux. Laissez refroidir.

Bouchées aux kiwis et à la fraise
Utilisez de la confiture de kiwis. Ajoutez 1 fraise dans chaque alvéole du moule.

Bouchées au citron et au safran
Mélangez 100 g de beurre pommade et 120 g de sucre. Ajoutez 2 œufs, le jus et le zeste de 1/2 citron, 1 dosette de safran, 170 g de farine, 1 sachet de levure et 6 cl de lait. Versez dans des moules à minimuffins. Faites cuire au four à 180 °C pendant 20 min.

Bouchées à l'orange et au café
Reprenez la recette ci-dessus en remplaçant le citron par de l'orange, et le safran par 1 c. à s. d'extrait de café.

BROWNIES AU CARAMEL

Préparation : 15 min • **Cuisson :** 25 min • **Pour 6 à 8 personnes**

3 œufs • 150 g de sucre en poudre • 90 g de farine
180 g de chocolat noir • 120 g de beurre + supplément pour le moule
60 g de caramels mous • 70 g de noisettes

- Préchauffez le four à 180 °C.
- Dans un saladier, battez les œufs au fouet, puis incorporez le sucre et la farine.
- Faites fondre le chocolat et le beurre au bain-marie. Ajoutez-les à la préparation et mélangez.
- Coupez les caramels en pépites et concassez grossièrement les noisettes. Mélangez-les à la pâte.
- Beurrez un moule carré et versez-y la préparation.
- Faites cuire au four pendant 25 min.
- Laissez refroidir complètement avant de couper le brownie en carrés.

Brownies au chocolat blanc
Remplacez le chocolat noir par du chocolat blanc. Vous pouvez utiliser du chocolat blanc à la noix de coco.

Brownies aux deux chocolats
Divisez la pâte en 2 portions avant d'ajouter le chocolat fondu. Ajoutez 90 g de chocolat noir fondu à l'une et 90 g de chocolat blanc fondu à l'autre. Répartissez les caramels et les noisettes dans les préparations. Versez dans le moule en alternant les couches de l'une et de l'autre.

Brownies allégés
Remplacez 100 g de beurre par de la compote de pommes ou de pommes et de pruneaux.

Brownies au café
Ajoutez 2 c. à c. de café lyophilisé délayé dans 10 cl d'eau bouillante à la préparation.

Brownies au sirop d'érable
Remplacez le sucre en poudre par 150 g de sirop d'érable.

Brownies aux cacahuètes
Remplacez les noix de pécan par des cacahuètes non salées concassées. Remplacez 100 g de sucre en poudre par 100 g de beurre de cacahuètes.

Brownies à la menthe
Mélangez 120 g de beurre fondu, 260 g de sucre glace et 3 c. à s. de liqueur de menthe. Nappez les brownies de ce glaçage une fois qu'ils ont refroidi. Laissez prendre avant de couper le gâteau en carrés.

Smoothie aux fruits rouges
Mixez 200 g de fruits rouges mélangés, puis ajoutez le jus de 1 orange, 1 c. à s. d'eau de fleur d'oranger, 20 cl d'eau et 4 glaçons. Mixez de nouveau, puis versez dans 2 verres. Servez avec les brownies.

BROWNIES AUX NOIX DE PÉCAN

Préparation : 15 min • **Cuisson :** 25 min • **Pour 6 à 8 personnes**

2 œufs • 250 g de sucre en poudre • 80 g de farine
20 g de cacao en poudre • 1 c. à c. de levure chimique
125 g de chocolat noir • 100 g de beurre + supplément pour le moule
125 g de noix de pécan

- Préchauffez le four à 180 °C.
- Dans un saladier, battez rapidement les œufs au fouet, puis incorporez le sucre, la farine, le cacao et la levure.
- Faites fondre le chocolat et le beurre au bain-marie. Ajoutez-les à la préparation et remuez bien.
- Concassez les noix de pécan et ajoutez-les au mélange.
- Beurrez un moule carré et versez-y la préparation.
- Faites cuire au four pendant 25 min.
- Laissez refroidir complètement avant de couper le brownie en carrés.

Buns aux noix
Parsemez la pâte de cerneaux de noix concassés avant de la rouler et de la découper en rouleaux.

Buns aux raisins secs
Parsemez la pâte de raisins secs avant de la rouler et de la découper en rouleaux.

Buns au sésame
Parsemez les rouleaux de pâte de 3 c. à s. de graines de sésame avant d'enfourner.

Buns aux noix
Mélangez 60 g de noix concassées avec 2 c. à s. de sucre complet. Nappez la pâte de 3 ou 4 c. à s. de tahin et recouvrez du mélange aux noix.

BUNS À LA CANNELLE

Préparation : 30 min • **Repos :** 2 h 15 • **Cuisson :** 25 min • **Pour 9 buns**

12 cl de lait • 2 c. à s. de sirop d'érable
1 c. à s. de sirop de sucre de canne • 135 g de beurre
15 g de levure de boulanger • 2 œufs • 600 g de farine
1 c. à c. de cannelle • 45 g de cassonade • sel

- Dans une casserole, faites tiédir le lait, le sirop d'érable, le sirop de sucre de canne, 75 g de beurre et 1 c. à c. de sel. Délayez la levure dans 12,5 cl d'eau tiède. Laissez reposer.

- Dans un saladier, mélangez cette préparation avec la levure et les œufs. Ajoutez 450 g de farine et battez jusqu'à l'obtention d'une pâte lisse. Incorporez petit à petit la farine restante, jusqu'à ce que la pâte soit molle et collante. Pétrissez pendant encore 5 min.

- Formez une boule, placez-la dans un saladier, couvrez d'un torchon, puis laissez reposer à température ambiante pendant 1 h 30 environ : la pâte doit doubler de volume.

- Abaissez la pâte au rouleau de façon à former un rectangle de 20 × 25 cm. Nappez-le de 50 g de beurre ramolli et saupoudrez de cannelle. Roulez la pâte dans la longueur et découpez-la en 9 rouleaux.

- Faites fondre le reste de beurre, ajoutez la cassonade, puis nappez-en le fond d'un moule carré. Disposez-y les rouleaux de pâte. Couvrez et laissez reposer pendant 45 min.

- Préchauffez le four à 190 °C. Faites-y cuire les buns pendant 25 min, jusqu'à ce qu'ils soient bien dorés. Démoulez sur un plat sans attendre.

Cannelés au cacao
Ajoutez 50 g de chocolat noir fondu et 1 c. à s. de cacao amer à la préparation.

Cannelés à l'eau de fleur d'oranger
Remplacez le rhum par 2 c. à s. d'eau fleur d'oranger.

Cannelés aux framboises
Ajoutez 1 ou 2 framboise(s) dans les moules juste avant d'enfourner. Vous pouvez également utiliser des cerises dénoyautées ou des myrtilles fraîches ou surgelées.

Sandwiches de cannelés à la figue
Coupez les cannelés en deux et garnissez-les de 1 lamelle de figue fraîche.

CANNELÉS

Préparation : 15 min • **Repos :** 14 h • **Cuisson :** 1 h 10 • **Pour 8 personnes**

30 cl de lait • 1 gousse de vanille • 40 g de beurre • 80 g de farine
125 g de sucre roux • 2 jaunes d'œufs • 2 c. à s. de rhum

- Versez le lait dans une casserole. Fendez la gousse de vanille en deux et grattez-en les graines avec la pointe d'un couteau. Mettez la gousse de vanille et les graines dans la casserole et portez à ébullition. Retirez la casserole du feu et laissez infuser pendant 5 min. Ôtez la gousse de vanille. Ajoutez le beurre, mélangez, puis laissez tiédir.

- Dans un saladier, mélangez la farine, le sucre roux et les jaunes d'œufs. Incorporez-y lentement le mélange de lait et de beurre. Mélangez, remettez la gousse de vanille dans le saladier, puis laissez reposer pendant 1 h.

- Ajoutez le rhum, puis couvrez d'un torchon et laissez reposer au réfrigérateur pendant 12 h.

- Sortez la pâte du réfrigérateur 1 h avant la cuisson. Préchauffez le four à 270 °C. Fouettez la pâte, puis garnissez-en 6 moules à cannelés aux 3/4.

- Posez-les sur une plaque à pâtisserie et enfournez. Laisser dorer la pâte pendant 10 minutes environ.

- Baissez la température du four à 180 °C et laissez cuire pendant environ 1 h, jusqu'à ce que la surface soit brun foncé et résiste sous la pression du doigt. Laisser tiédir avant de démouler.

CARRÉS AUX CERISES

Préparation : 20 min • **Cuisson** : 50 min • **Pour 16 personnes**

1 kg de cerises • 180 g de sucre en poudre • 20 cl de jus d'orange
1 c. à s. de Maïzena® • 220 g de flocons d'avoine • 180 g de farine
150 g de cassonade • 1 c. à s. de zeste d'orange
200 g de beurre ramolli + supplément pour le moule • sel

- Dénoyautez les cerises et équeutez-les. Mettez-les dans une casserole avec le sucre et le jus d'orange. Portez à ébullition, puis baissez le feu et laissez cuire en remuant pendant 10 min.
- Dans un bol, mélangez la Maïzena® avec 2 c. à s. d'eau. Ajoutez aux cerises et faites bouillir le tout pendant 1 min environ, jusqu'à ce que le mélange ait épaissi. Retirez la casserole du feu, couvrez et laissez refroidir.
- Préchauffez le four à 180 °C.
- Beurrez un moule carré allant au four. Mélangez les flocons d'avoine, la farine, la cassonade, le zeste d'orange et 1 pincée de sel. Ajoutez le beurre coupé en dés et mélangez.
- Étalez la moitié de la préparation au fond du moule, répartissez les cerises par-dessus et couvrez de l'autre moitié du mélange aux flocons d'avoine en appuyant légèrement.
- Faites cuire au four pendant 50 min.
- Laissez refroidir avant de couper le gâteau en carrés.

Carrés aux myrtilles
Remplacez les cerises par des myrtilles. Vous pouvez aussi utiliser des cassis ou des canneberges. Dans ce cas, ajoutez 30 g de sucre en poudre.

Carrés aux pruneaux
Remplacez les cerises par des pruneaux dénoyautés.

Carrés au son d'avoine
Battez rapidement 2 œufs avec 60 g de sucre roux et 4 c. à s. de ricotta. Ajoutez 30 cl de lait, 300 g de son d'avoine, 2 c. à s. de Maïzena® et 1 c. à c. de levure chimique. Remplacez la pâte par cette préparation.

Carrés aux carottes et aux raisins
Mélangez 80 g de carottes râpées, 130 g de farine, 1 c. à c. de levure, 150 g de raisins secs et 100 g de sucre roux. Battez 60 g de beurre fondu avec 2 œufs. Réunissez les deux mélanges. Faites cuire dans un moule carré pendant 30 min, au four préchauffé à 180 °C. Laissez refroidir.

CORNETS AUX AMANDES

Préparation : 30 min • **Repos** : 10 min • **Cuisson** : 10 min • **Pour 20 cornets**

***pour la pâte d'amandes** : 150 g de poudre d'amandes*
50 g de sucre glace • 1/2 blanc d'œuf
***pour la pâte des cornets** : 100 g de farine • 20 g de beurre*
***pour la décoration** : 50 g de miel*
2 c. à s. d'eau de fleur d'oranger • 15 amandes hachées

- Pour la pâte d'amandes, mélangez la poudre d'amandes et le sucre glace dans une jatte. Ajoutez progressivement le blanc d'œuf et remuez jusqu'à l'obtention d'une pâte assez épaisse.
- Pour la pâte des cornets, mélangez la farine et le beurre dans une jatte, puis ajoutez progressivement 4 cl d'eau de façon à obtenir une pâte souple qui ne colle pas aux mains. Laissez reposer pendant 10 min.
- Préchauffez le four à 180 °C. Étalez la pâte des cornets au rouleau et découpez-la en 20 cercles de 6 cm de diamètre. Façonnez 20 cônes de pâte d'amandes et déposez-les au centre de chaque cercle. Humectez la pâte autour des cônes avec un pinceau humidifié. Enroulez le rond de pâte autour du cône de façon à l'envelopper et à former un cornet.
- Déposez les cornets aux amandes sur une plaque à pâtisserie recouverte de papier sulfurisé. Faites cuire au four pendant 10 min : ils doivent être à peine dorés.
- Pour la décoration, faites fondre le miel avec l'eau de fleur d'oranger. Trempez les cornets dans ce mélange, puis passez l'extrémité la plus large des cornets dans une assiette contenant les amandes hachées. Laissez refroidir.

Cornets aux vermicelles de chocolat

Pour la décoration, remplacez les amandes hachées par 2 à 3 c. à s. de vermicelles de chocolat.

Cornets aux pistaches

Remplacez la poudre d'amandes par de la poudre de pistaches et les amandes hachées par des pistaches concassées.

Cornets express à la nougatine

Remplacez les cornets par des cornets de nougatine. On les trouve dans les épiceries fines ou chez certains pâtissiers.

Cornets au lait concentré

Pour la farce, faites chauffer 1 boîte de lait concentré sucré au bain-marie pendant 45 min. Mélangez 150 g d'amandes grossièrement concassées avec 100 g de sucre en poudre et 1 pincée de gomme arabique. Mixez, puis mélangez avec le lait concentré chaud. Garnissez les cornets de ce mélange.

CUPCAKES À LA MYRTILLE ET À LA VIOLETTE

Préparation : 15 min • **Cuisson :** 30 min • **Pour 4 cupcakes**

pour les cupcakes : 50 g de beurre • 1 œuf
60 g de sucre en poudre • 1 c. à c. de levure chimique
60 g de farine • 50 g de myrtilles • 1 c. à s. de lait
pour le glaçage : 65 g de fromage frais • 20 g de sucre glace
3 gouttes d'arôme de violette • 3 gouttes de colorant alimentaire violet
4 bonbons à la violette

- Préchauffez le four à 180 °C.
- Pour les cupcakes, faites fondre le beurre dans une casserole. Versez-le dans un saladier, ajoutez l'œuf, puis battez. Incorporez le sucre, la levure et la farine. Ajoutez les myrtilles et le lait en mélangeant délicatement.
- Répartissez la préparation dans 4 caissettes pour cupcakes placées dans les alvéoles d'un moule à muffins.
- Faites cuire au four de 20 à 25 min. Démoulez les cupcakes et laissez-les refroidir complètement.
- Pour le glaçage, mélangez le fromage frais avec le sucre glace, l'arôme de violette et le colorant.
- Mettez le glaçage dans une poche à douille, puis décorez les cupcakes. Ajoutez 1 bonbon sur chaque gâteau.

Cupcakes à la ricotta et au cassis

Remplacez le beurre par 80 g de ricotta, et les myrtilles par des cassis.

Chantilly aux myrtilles

Faites fondre 2 c. à s. de confiture de myrtilles à feu doux. Laissez refroidir au réfrigérateur. Montez 20 cl de crème liquide très froide en chantilly avec 2 c. à s. de sucre glace. Incorporez la confiture et battez de nouveau. Remplacez le glaçage par cette chantilly.

Cupcakes aux mûres

Remplacez les myrtilles par des mûres, que vous ferez chauffer à feu vif avec 50 g de sucre en poudre pendant 10 min. Filtrez avant d'ajouter le mélange à la pâte.

Cupcakes meringués

Portez à ébullition 4 c. à s. d'eau avec 120 g de sucre en poudre, puis faites cuire à frémissements pendant 1 min. Montez 2 blancs d'œufs en neige, puis incorporez-y le sirop en filet, en fouettant. Ornez les cupcakes de meringue et passez sous le gril du four.

Cupcakes aux graines de courge
Parsemez les cupcakes de graines de courge avant d'enfourner.

Cupcakes d'Halloween
Remplacez la purée de patates douces par de la purée de potimarron. Ajoutez 3 gouttes de colorant alimentaire orange dans le glaçage.

Cupcakes à la bergamote
Battez 150 g de mascarpone avec 50 cl de crème liquide entière, 1/2 c. à c. d'arôme de bergamote et 75 g de sucre glace. Remplacez le glaçage par ce mélange.

Cupcakes au gingembre
Ajoutez 1 c. à c. de gingembre frais râpé à la pâte. Supprimez l'extrait de vanille liquide. Remplacez le zeste de pamplemousse rose par du gingembre confit émietté.

CUPCAKES À LA PATATE DOUCE

Préparation : 20 min • **Cuisson** : 45 min • **Pour 20 cupcakes**

pour les cupcakes : *350 g de patates douces • 50 g de beurre 100 g de fromage blanc • 2 œufs • 180 g de sucre en poudre 220 g de farine • 1 sachet de levure chimique • 1 c. à c. de rhum 1 c. à c. d'extrait de vanille liquide • sel*
pour le glaçage : *100 g de beurre • 200 g de sucre glace*
pour la décoration : *le zeste râpé de 1/2 pamplemousse rose*

- Pour les cupcakes, faites cuire les patates douces non pelées pendant 20 min dans de l'eau bouillante. Laissez-les refroidir pendant 5 min, puis pelez-les et réduisez-les en purée.
- Préchauffez le four à 160 °C.
- Faites fondre le beurre dans une casserole et laissez refroidir.
- Mettez la purée de patates douces dans un saladier. Ajoutez le fromage blanc, les œufs, un à un, puis le beurre et battez au fouet.
- Ajoutez le sucre, la farine et la levure tamisées, 1 pincée de sel, le rhum et l'extrait de vanille, puis mélangez.
- Remplissez des moules à cupcakes aux 2/3, puis faites cuire au four de 20 à 25 min. Démoulez les gâteaux et laissez-les refroidir complètement.
- Pour le glaçage, battez le beurre et le sucre glace à l'aide d'un fouet électrique. Mettez la ganache dans une poche à douille et décorez-en les cupcakes. Parsemez les cupcakes de zestes de pamplemousse rose.

Cupcakes à la crème au mascarpone

Fouettez 120 g de mascarpone avec 60 g de sucre glace, puis ajoutez le jus de 1 citron. Remplacez la ganache par cette crème.

Cupcakes au praliné

Remplacez le chocolat noir par du chocolat pralinoise dans la pâte à cupcakes et/ou dans la ganache.

Cupcakes à la crème de calissons

Battez 120 g de mascarpone avec 1 œuf. Ajoutez 2 c. à s. de sucre roux, 50 g de crème de calissons, puis 100 g de farine, 1 c. à c. de cacao en poudre et 1/2 sachet de levure. Versez dans des moules à cupcakes et faites cuire au four à 180 °C pendant 20 min. Glacez avec du fondant blanc.

Cupcakes aux calissons et aux abricots

Reprenez la recette ci-dessus et ajoutez 4 abricots secs coupés en dés à la pâte.

CUPCAKES AU CHOCOLAT

Préparation : 15 min • **Repos** : 1 h • **Cuisson** : 30 min • **Pour 12 cupcakes**

pour les cupcakes : *100 g de chocolat noir à pâtisserie*
100 g de beurre ramolli • 125 g de sucre en poudre • 3 œufs
160 g de farine • 20 cl de lait • 1 sachet de levure chimique
pour la ganache : *50 g de beurre • 50 g de chocolat noir à pâtisserie*
5 cl de lait • 100 g de sucre glace

- Pour les cupcakes, préchauffez le four à 180 °C.
- Cassez le chocolat en morceaux et faites-le fondre au bain-marie.
- Dans un saladier, battez le beurre et le sucre au fouet jusqu'à l'obtention d'une consistance crémeuse. Ajoutez les œufs un à un, en mélangeant bien entre chaque ajout. Ajoutez le chocolat fondu, remuez soigneusement, puis incorporez la farine et la levure petit à petit, en alternant avec le lait.
- Remplissez des moules à cupcakes aux 2/3 de cette préparation.
- Faites cuire au four de 20 à 25 min. Démoulez les cupcakes, puis laissez-les refroidir complètement.
- Pour la ganache, faites fondre le beurre et le chocolat au bain-marie. Hors du feu, ajoutez le lait et le sucre glace. Remuez bien et mélangez.
- Laissez refroidir la ganache au réfrigérateur pendant 1 h, puis ornez-en les cupcakes à l'aide d'une poche à douille.

Délices à la fève tonka

Râpez 1 fève tonka au-dessus des moules juste avant d'enfourner.

Délices à la cardamome

Remplacez le sucre vanillé par 3 capsules de cardamome écrasées.

Délices aux mirabelles

Remplacez les pêches au sirop par 5 ou 6 mirabelles dénoyautées et coupées en quatre. Remplacez le sirop des pêches par du sirop de sucre.

Délices aux nectarines et au pavot

Remplacez les pêches au sirop par 2 nectarines fraîches pelées et coupées en dés. Ajoutez 1 c. à s. de graines de pavot à la pâte.

DÉLICES AUX PÊCHES

Préparation : 15 min • **Cuisson :** 25 min • **Pour 8 petits gâteaux**

80 g de beurre + supplément pour les moules • 4 blancs d'œufs
80 g de poudre d'amandes • 130 g de sucre en poudre
60 g de farine • 1 sachet de sucre vanillé
2 c. à s. de sirop des pêches • 2 pêches au sirop

- Préchauffez le four à 160 °C.
- Faites fondre le beurre dans une casserole, puis laissez-le refroidir.
- Battez légèrement les blancs d'œufs dans un saladier. Ajoutez le beurre fondu, puis la poudre d'amandes, le sucre, la farine tamisée, le sucre vanillé et le sirop des pêches. Mélangez au fouet électrique jusqu'à l'obtention d'une pâte lisse.
- Coupez les pêches en petits dés.
- Beurrez 8 petits moules ovales. Garnissez-les de préparation aux 2/3, puis parsemez-les de dés de pêches.
- Faites cuire au four pendant 25 min.
- Laissez refroidir avant de démouler.

Éclairs au cranberry curd
Faites chauffer 10 cl d'eau avec 350 g de canneberges pendant 10 min en remuant. Écrasez en coulis, puis passez-le au tamis. Laissez refroidir puis ajoutez 3 œufs battus, 100 g de beurre et 250 g de sucre en poudre. Faites épaissir au bain-marie en fouettant. Garnissez les éclairs de crème.

Éclairs au caramel
Remplacez le lemon curd par 1 dose de crème pâtissière à laquelle vous ajouterez 3 ou 4 c. à s. de caramel liquide.

Éclairs au chocolat
Remplacez le lemon curd par 1 dose de crème pâtissière à laquelle vous ajouterez 100 g de chocolat noir fondu. Pour le glaçage, faites chauffer 100 g de fondant avec 20 g de chocolat en poudre et nappez-en les éclairs.

Éclairs au café
Remplacez le lemon curd par 1 dose de crème pâtissière à laquelle vous ajouterez 1 c. à s. d'extrait de café ou de liqueur de café.

ÉCLAIRS AU LEMON CURD

Préparation : 25 min • **Cuisson :** 15 min • **Pour 15 éclairs**

pour les choux : *50 g de beurre demi-sel*
100 g de farine • 4 œufs
pour la garniture : *1 pot de lemon curd*
pour le glaçage : *45 g de crème fraîche • 45 g de chocolat blanc*

- Pour les choux, préchauffez le four à 180 °C.
- Faites fondre le beurre dans une casserole. Hors du feu, ajoutez la farine en une seule fois, en remuant énergiquement à l'aide d'une spatule en bois.
- Remettez la casserole sur feu vif, sans cesser de remuer, jusqu'à ce que la pâte se détache. Hors du feu, incorporez les œufs un par un, en mélangeant bien entre chaque ajout.
- À l'aide d'une poche à douille, formez des boudins de pâte sur une plaque à pâtisserie recouverte de papier sulfurisé. Faites cuire au four de 15 à 20 min, jusqu'à ce que les éclairs soient légèrement dorés.
- Laissez refroidir les éclairs, incisez-les sur le côté et garnissez-les de lemon curd à l'aide d'une poche à douille ou d'une petite cuillère.
- Pour le glaçage, faites chauffer la crème dans une casserole. Hors du feu, ajoutez-y le chocolat blanc coupé en morceaux. Remuez bien. Nappez les choux de ce glaçage à l'aide d'une petite cuillère.

FINANCIERS À LA PISTACHE

Préparation : 15 min • **Cuisson** : 15 min • **pour 15 à 20 financiers**

60 g de pistaches non salées • 50 g de poudre d'amandes
60 g de farine • 110 g de sucre glace • 4 blancs d'œufs
120 g de beurre demi-sel • beurre doux pour les moules

- Préchauffez le four à 180 °C.
- Mixez grossièrement les pistaches. Mettez-les dans un saladier avec la poudre d'amandes, la farine et le sucre glace. Mélangez.
- Battez les blancs d'œufs en neige ferme, puis incorporez-les très délicatement aux ingrédients secs.
- Faites fondre le beurre dans une petite casserole à fond épais, jusqu'à ce qu'il prenne une teinte noisette. Retirez-le aussitôt du feu. Laissez-le refroidir pendant 10 min, puis ajoutez-le à la préparation en fouettant énergiquement.
- Beurrez des moules à financiers, puis répartissez-y le mélange.
- Faites cuire au four de 12 à 15 min en surveillant bien la cuisson : les financiers doivent être juste dorés.
- Laissez refroidir avant de déguster.

Financiers au cédrat
Remplacez les pistaches par 50 g de cédrat confit coupé en petits dés.

Financiers au pralin
Remplacez les pistaches par 40 g de pralin. Parsemez les financiers d'amandes effilées avant d'enfourner.

Financiers à la ricotta
Battez 2 œufs avec 100 g de sucre en poudre. Ajoutez 70 g de ricotta et battez bien. Ajoutez 120 g de farine, 1/2 sachet de levure chimique et 30 g de poudre d'amandes. Versez dans des moules à financiers et faites cuire au four préchauffé à 180 °C de 12 à 15 min.

Financiers aux oranges confites
Reprenez la recette ci-dessus en ajoutant 30 g d'écorces d'orange confites taillées en dés à la pâte.

Financiers au thé vert et au chocolat
Remplacez le jus de citron par 1 c. à s. de thé vert matcha.

Financiers aux clémentines
Remplacez le jus de citron par le jus et le zeste de 2 clémentines. Supprimez le cacao.

Financiers au café et à l'orange
Remplacez le cacao en poudre par 1 c. à c. de café lyophilisé et le jus de citron par du jus d'orange. Vous pouvez ajouter 1 c. à s. de liqueur d'orange à la préparation.

Roulés au chocolat et au citron
Arrosez 1 génoise de sirop de citron, puis nappez-la de lemon curd. Parsemez de pépites de chocolat et roulez le gâteau. Réservez au frais, puis coupez en rondelles.

FINANCIERS AU CHOCOLAT ET AU CITRON

Préparation : 10 min • **Cuisson :** 20 min • **Pour 12 petits financiers**

100 g de sucre glace • 60 g de poudre d'amandes • 30 g de farine
3 blancs d'œufs • 70 g de beurre + supplément pour les moules
1 c. à c. de cacao en poudre • 1 c. à s. de jus de citron

- Préchauffez le four à 180 °C.
- Dans un saladier, mélangez le sucre glace, la poudre d'amandes et la farine.
- Battez les blancs d'œufs en neige très ferme, puis incorporez-les délicatement au mélange précédent.
- Faites fondre le beurre dans une petite casserole. Ajoutez-le à la préparation.
- Divisez la pâte en 2 portions. Ajoutez le cacao à l'une et le jus de citron à l'autre.
- Beurrez des moules à financiers ou les alvéoles d'un moule à muffins et répartissez-y les deux préparations, en alternant les couches de l'une et de l'autre, à l'aide d'une petite cuillère.
- Faites cuire au four pendant 15 min.
- Laissez refroidir avant de déguster.

FLAPJACKS AUX FRUITS SECS ET AU CHOCOLAT

Préparation : 15 min • **Repos :** 2 h • **Cuisson :** 20 min • **Pour 12 flapjacks**

pour les flapjacks : *100 g de beurre • 80 g de sucre de canne en poudre*
100 g de miel • 50 g de noisettes • 200 g de flocons d'avoine
80 g de raisins secs • 30 g de graines de tournesol
1 c. à c. de cannelle en poudre • sel
pour le glaçage : *1 c. à s. de jus de citron • 150 g de sucre glace*
quelques gouttes de colorant alimentaire rouge

- Préchauffez le four à 180 °C.

- Mettez le beurre, le sucre et le miel dans une casserole. Portez doucement à ébullition et mélangez régulièrement jusqu'à ce que le beurre soit fondu et le mélange homogène.

- Concassez les noisettes. Mélangez-les avec les flocons d'avoine, les raisins secs, les graines de tournesol, la cannelle et 1 pincée de sel dans un saladier. Ajoutez le mélange beurre-sucre-miel et remuez avec une spatule.

- Répartissez le mélange dans les alvéoles d'un moule à muffins. Faites cuire au four de 15 à 20 min, jusqu'à ce que les biscuits soient bien dorés. Laissez refroidir pendant 2 h à température ambiante avant de démouler.

- Pour le glaçage, mélangez le jus de citron, le sucre glace et le colorant. Striez les flapjacks de lignes de glaçage à l'aide d'une poche munie d'une douille très fine.

- Conservez dans une boîte en fer.

Flapjacks aux fruits rouges

Remplacez les noisettes, les raisins secs et les graines de tournesol par 150 g de fruits rouges. Supprimez la cannelle.

Flapjacks aux pruneaux

Supprimez la cannelle. Remplacez les noisettes, les raisins secs et les graines de tournesol par 150 g de pruneaux dénoyautés.

Flapjacks aux corn-flakes

Remplacez les flocons d'avoine par des corn-flakes. Passez un côté des flapjacks dans du chocolat noir fondu, puis laissez prendre.

Flapjacks express

Mixez 140 g de beurre avec 150 g de sucre roux et 1 c. à c. de sirop de sucre de canne. Faites chauffer à feu doux, puis ajoutez 230 g de flocons d'avoine. Versez sur une plaque et pressez bien. Faites cuire au four préchauffé à 150 °C pendant 20 min. Laissez refroidir, puis coupez en triangles.

FONDANTS À LA CHÂTAIGNE

Préparation : 10 min • **Cuisson** : 20 min • **Pour 6 fondants**

90 g de farine de châtaigne • 75 g de sucre roux en poudre
1/2 c. à s. de cacao • 1 c. à c. de levure • 1 gros œuf
40 g de beurre ramolli + supplément pour le moule
2 c. à s. de lait • sel

- Préchauffez le four à 180 °C.
- Dans un saladier, mélangez la farine, le sucre, le cacao et la levure. Ajoutez 1 pincée de sel.
- Dans un autre saladier, battez l'œuf avec le beurre et le lait.
- Mélangez les deux préparations jusqu'à l'obtention d'une pâte homogène.
- Beurrez les alvéoles d'un moule à muffins et versez-y le mélange.
- Faites cuire au four pendant 20 min.
- Laissez refroidir avant de démouler.

Coulis de chocolat blanc

Faites fondre 100 g de chocolat blanc au bain-marie. Ajoutez 50 cl de crème fleurette bouillante et fouettez. Servez froid avec les fondants.

Coulis à l'orange

Faites chauffer le jus et le zeste de 2 oranges avec 5 c. à s. de miel liquide. Portez à ébullition et laissez frémir pendant 1 min. Laissez refroidir et servez avec les fondants.

Crème au sirop d'érable

Portez à ébullition 75 cl de sirop d'érable et 25 cl de sirop de maïs. Faites chauffer pendant 1 min, puis retirez du feu et incorporez le contenu de 1 boîte de lait concentré sucré. Mélangez bien. Servez avec les fondants. Mettez le reste en pots.

Minigâteaux à la châtaigne

Battez 100 g de sucre avec 3 œufs. Ajoutez 100 g de farine de châtaigne, 1/2 sachet de levure et 50 g de châtaignes en boîte écrasées. Mélangez, puis versez dans des moules à muffins et faites cuire au four à 210 °C de 15 à 18 min.

Fondants au pamplemousse
Remplacez le citron par le jus de 1 pamplemousse et le zeste de 1/2 pamplemousse.

Fondants au citron et au pavot bleu
Ajoutez 2 c. à s. de graines de pavot bleu à la préparation.

Beurre de chouchen
Faites chauffer 20 cl de cidre avec 20 cl de chouchen et 50 g de sucre en poudre, et laissez réduire de moitié. Hors du feu, ajoutez 90 g de beurre coupé en morceaux. Servez aussitôt, avec les fondants.

Crème aux abricots secs
Faites chauffer 12 abricots secs préalablement trempés dans de l'eau avec 2 c. à s. de lait. Faites bouillir 125 g de tofu nature. Mixez le tout ensemble. Laissez refroidir. Servez avec les fondants.

FONDANTS AU CITRON ET AUX AMANDES

Préparation : 15 min • **Cuisson** : 20 min • **Pour 12 fondants**

4 œufs • 250 g de sucre en poudre • le zeste de 1 citron
le jus de 2 citrons • 200 g de poudre d'amandes
beurre pour le moule • sel

- Préchauffez le four à 180 °C.
- Séparez les blancs des jaunes d'œufs.
- Dans un saladier, battez le sucre et les jaunes d'œufs au fouet. Ajoutez le zeste et le jus de citron et la poudre d'amandes.
- Battez les blancs d'œufs en neige ferme avec 1 pincée de sel et incorporez-les délicatement au mélange.
- Beurrez les alvéoles d'un moule à muffins et versez-y le mélange.
- Faites cuire au four pendant 20 min.
- Laissez refroidir avant de démouler.

LAMINGTONS

Préparation : 20 min • **Repos :** 12 h • **Cuisson :** 20 min • **Pour 25 carrés**

4 œufs • 140 g de sucre en poudre • 175 g de farine
40 g de beurre + supplément pour le moule
200 g de chocolat noir • 40 g de noix de coco râpée

- Préchauffez le four à 180 °C.
- Dans un saladier, battez les œufs et le sucre au fouet électrique pendant 5 min, jusqu'à ce que le mélange double de volume.
- Ajoutez la farine tamisée et mélangez, puis incorporez le beurre.
- Beurrez un moule carré de 20 cm de côté et versez-y le mélange. Faites cuire au four de 15 à 20 min.
- Démoulez le gâteau et laissez-le refroidir complètement sur une grille, puis laissez-le sécher pendant 12 h.
- Faites fondre le chocolat au bain-marie. Versez la noix de coco râpée dans une assiette.
- Découpez le gâteau en carrés de 4 cm de côté. Piquez-les avec une brochette pour pouvoir les plonger dans le chocolat fondu et les passer dans la noix de coco râpée.
- Laissez refroidir sur une grille.

Lamingtons au sésame
Remplacez la noix de coco râpée par des graines de sésame noir ou blanc.

Lamingtons au chocolat blanc et au pavot
Remplacez le chocolat noir par du chocolat blanc, que vous ferez fondre avec 15 cl de crème fleurette. Remplacez la noix de coco râpée par des graines de pavot.

Lamingtons à la confiture de fraises
Avant de passer les lamingtons dans le chocolat, coupez-les en deux, nappez-les de 1 c. à c. de confiture de fraises et reconstituez-les.

Lamingtons au beurre de cacahuètes
Avant de passer les lamingtons dans le chocolat fondu, coupez-les en deux, nappez-les de 1 c. à c. de beurre de cacahuètes et reconstituez-les. Remplacez la noix de coco par des cacahuètes non salées concassées.

MADELEINES AU CITRON

Préparation : 10 min • **Repos :** 1 h • **Cuisson :** 15 min
Pour 16 madeleines

80 g de beurre demi-sel • 2 œufs • 80 g de sucre en poudre
80 g de farine • 1/2 c. à s. de levure chimique • le zeste de 1/2 citron
3 c. à s. de jus de citron • beurre doux pour les moules

- Préchauffez le four à 180 °C.
- Faites fondre le beurre dans une petite casserole.
- Dans un saladier, battez les œufs au fouet avec le sucre jusqu'à ce que le mélange blanchisse.
- Ajoutez la farine, la levure, le beurre fondu, le zeste et le jus de citron. Mélangez bien.
- Laissez la pâte reposer pendant 1 h au réfrigérateur.
- Beurrez 16 moules à madeleines et répartissez-y la préparation.
- Faites cuire au four pendant 15 min.
- Laissez refroidir avant de déguster.

Madeleines à la verveine
Remplacez le jus de citron par 10 cl de lait, dans lequel vous aurez fait infuser 2 sachets de verveine pendant 15 min.

Madeleines au miel et au chocolat
Supprimez le jus de citron et 40 g de sucre. Ajoutez 2 c. à s. de miel et 70 g de chocolat noir fondu.

Madeleines à la confiture de lait
Coupez un chapeau aux madeleines et garnissez-les de 1 c. à c. de confiture de lait. Reconstituez-les.

Madeleines araignées d'Halloween
Remplacez le jus de citron par 2 c. à s. de cacao en poudre. Décorez chaque madeleine avec 8 morceaux de rouleau de réglisse pour figurer les pattes et 2 petits bonbons à la réglisse de type cachous pour les yeux.

Madeleines au sésame noir

Remplacez l'arôme de pandan par 1 c. à s. de pâte de sésame noir (on en trouve dans les épiceries asiatiques).

Madeleines à la grenadine

Remplacez l'arôme de pandan par 15 cl de sirop de grenadine. Supprimez 30 g de cassonade.

Madeleines aux fraises séchées

Remplacez la farine de blé par de la farine de châtaigne, et l'arôme de pandan par 3 fraises séchées coupées en morceaux.

Madeleines aux noisettes

Remplacez 40 g de farine par 40 g de poudre de noisettes. Parsemez les madeleines de noisettes concassées juste avant d'enfourner. Supprimez l'arôme de pandan.

MADELEINES AU PANDAN

Préparation : 10 min • **Repos** : 1 h • **Cuisson** : 15 min
Pour 16 madeleines

50 g de beurre + supplément pour le moule • 2 œufs
70 g de cassonade • 80 g de farine • 1/2 c. à s. de levure chimique
1 c. à s. d'arôme de pandan

- Préchauffez le four à 180 °C.
- Faites fondre le beurre dans une petite casserole.
- Dans un saladier, battez les œufs au fouet avec la cassonade jusqu'à ce que le mélange blanchisse.
- Ajoutez la farine, la levure, le beurre fondu et l'arôme de pandan. Mélangez bien.
- Laissez la pâte reposer pendant 1 h au réfrigérateur.
- Beurrez 16 moules à madeleines et répartissez-y la préparation.
- Faites cuire au four pendant 15 min.
- Laissez refroidir avant de déguster.

Makrouts au sésame
Ajoutez 2 c. à s. de graines de sésame à la préparation.

Makrouts aux amandes
Remplacez les dattes par de la poudre d'amandes.

Café aux épices
Portez à ébullition 50 cl d'eau avec 4 c. à s. de café moulu, 1 capsule de cardamome fendue en deux, 1 bâton de cannelle et 1 pincée de noix muscade. Laissez décanter, puis servez avec les makrouts.

Lait au thym
Portez à ébullition 25 cl de lait. Ajoutez 1 c. à c. de miel et 3 brins de thym hors du feu. Couvrez et laissez infuser pendant 5 min. Servez avec les makrouts.

MAKROUTS AUX DATTES

Préparation : 40 min • **Repos :** 12 h • **Cuisson :** 10 min • **Pour 15 makrouts**

50 g de beurre • 15 g de sucre en poudre
150 g de semoule de blé moyenne • 100 g de dattes moelleuses
1 pincée de cannelle • 1 c. à c. d'eau de fleur d'oranger
huile pour la friture • 50 g de miel

- Faites bouillir 20 cl d'eau dans une casserole avec le beurre et le sucre. Versez sur la semoule et laissez reposer pendant 10 min à couvert.
- Mixez la préparation jusqu'à l'obtention d'une pâte malléable. Laissez reposer pendant toute une nuit à couvert.
- Dénoyautez les dattes. Hachez-les finement, puis mélangez-les avec la cannelle et l'eau de fleur d'oranger.
- Étalez la pâte de semoule en un long boudin. Incisez-le sur le côté et garnissez-le de pâte de dattes. Refermez en pressant la pâte. Découpez en losanges. Laissez reposer pendant 15 min.
- Faites frire les makrouts dans un bain d'huile jusqu'à ce qu'ils commencent à dorer. Égouttez-les, puis passez-les dans le miel préalablement fondu.
- Laissez refroidir sur une grille.

M'CHEKEK AUX AMANDES

Préparation : 10 min • **Cuisson** : 10 min • **Pour 15 m'chekek**

200 g de poudre d'amandes • 100 g de sucre glace
1 c. à s. d'eau de rose • 2 blancs d'œufs • 15 amandes entières

- Préchauffez le four à 150 °C.
- Mélangez la poudre d'amandes et le sucre glace dans un saladier.
- Ajoutez l'eau de rose, puis incorporez petit à petit les blancs d'œufs jusqu'à l'obtention d'une boule de pâte malléable pas trop collante.
- Façonnez des boulettes de pâte. Roulez-les dans le sucre glace, puis ornez chacune de 1 amande entière.
- Déposez-les sur une plaque à four recouverte de papier sulfurisé et faites cuire au four pendant 10 min.
- Laissez refroidir avant de déguster.

Lait aux amandes
Mixez 50 g d'amandes entières avec 30 cl de lait très froid et 30 g de sucre en poudre. Servez aussitôt, avec les m'chekek.

Lait à l'avocat
Mixez 20 g d'amandes entières avec 1/4 d'avocat, 30 cl de lait très froid, 3 noix et 2 dattes. Servez aussitôt, avec les m'chekek.

Eau à la menthe
Mettez les feuilles froissées de 1/2 bouquet de menthe dans une grande bouteille. Remplissez de 1 l d'eau. Réservez au frais pendant 8 h. Servez avec les m'chekek.

Jus de betterave à l'eau de fleur d'oranger
Mixez 500 g de betteraves rouges avec 1 l de jus d'orange, 1 c. à s. d'eau de fleur d'oranger, 3 c. à s. de sucre en poudre et 1 pincée de cannelle. Servez aussitôt, avec les m'chekek.

Apple pies aux airelles
Ajoutez 125 g d'airelles à la préparation. À défaut, utilisez des groseilles.

Apple pies aux noix de pécan
Ajoutez 60 g de noix de pécan grossièrement concassées à la préparation.

Glace au mascarpone
Battez 300 g de mascarpone, 175 g de sucre glace et 4 jaunes d'œufs en crème lisse. Incorporez 35 cl de crème fleurette montée en chantilly. Faites turbiner en sorbetière. Servez avec les apple pies.

Sauce butterscotch
Faites fondre 125 g de beurre avec 100 g de sucre en poudre. Laissez bouillir pendant 3 min, puis ajoutez 2 c. à s. de mélasse et 12,5 cl de crème fraîche. Laissez mijoter pendant 10 min. Ajoutez 1 c. à c. d'extrait de vanille liquide hors du feu. Servez tiède avec les apple pies.

MINIAPPLE PIES

Préparation : 40 min • **Cuisson** : 35 min • **Pour 4 apple pies**

pour la pâte : *350 g de farine • 50 g de sucre en poudre*
180 g de beurre • 1 jaune d'œuf • sucre granulé • sel
pour la garniture : *1,2 kg de pommes granny smith • le zeste de 1 citron*
1 c. à c. de jus de citron • 1 bâton de cannelle • 2 c. à s. de sucre en poudre

- Pour la pâte, mettez la farine, le sucre, le beurre coupé en dés et 1 pincée de sel dans le bol d'un mixeur et mixez jusqu'à ce que le mélange forme des miettes. Ajoutez petit à petit le jaune d'œuf et 3 c. à s. d'eau, jusqu'à ce que la préparation forme une pâte homogène. Enveloppez-la dans du film alimentaire et réservez-la au réfrigérateur.

- Pour la garniture, pelez les pommes, évidez-les et coupez-les en cubes. Mettez-les dans une casserole avec le zeste et le jus de citron, le bâton de cannelle, le sucre et 2 c. à s. d'eau. Couvrez et portez à ébullition. Laissez frémir pendant 5 min, jusqu'à ce que les pommes soient tendres mais conservent leur forme. Laissez refroidir complètement. Retirez le bâton de cannelle.

- Préchauffez le four à 190 °C. Divisez la pâte en 8 portions, puis abaissez-les au rouleau à 2 mm d'épaisseur. Découpez 8 cercles de 16 cm de diamètre.

- Foncez le fond de 4 ramequins de 1 cercle de pâte. Répartissez la garniture par-dessus, puis badigeonnez les bords de la pâte d'eau, au pinceau. Recouvrez de la pâte restante. Striez les bords à l'aide d'une fourchette, badigeonnez d'un peu d'eau au pinceau et parsemez de sucre granulé. Incisez le centre de chaque pie avec la pointe d'un couteau.

- Mettez les apple pies sur une plaque et faites cuire au four pendant 35 min. Servez chaud.

MINIBAVAROIS À L'ANANAS

Préparation : 25 min • **Repos** : 3 h • **Cuisson** : aucune • **Pour 6 minibavarois**

3 feuilles de gélatine • 3 jaunes d'œufs • 80 g de sucre en poudre
15 cl de lait • 10 cl de jus d'ananas
25 cl de crème fleurette • 1 petit ananas

- Faites ramollir la gélatine dans un bol d'eau froide.
- Mettez les jaunes d'œufs et la moitié du sucre en poudre dans un saladier et battez au fouet. Faites chauffer le reste de sucre dans une casserole avec le lait et le jus d'ananas, à feu doux. Retirez la casserole du feu dès l'ébullition, puis incorporez le liquide chaud à la préparation précédente progressivement.
- Remettez le tout dans la casserole et faites épaissir à feu doux. Hors du feu, ajoutez la gélatine ramollie et égouttée. Laissez refroidir. Montez la crème en chantilly au fouet électrique, puis incorporez-la délicatement à la crème.
- Pelez l'ananas, prélevez-en 6 rondelles et réservez-les. Coupez le reste en petits dés et réduisez-les en coulis au mixeur. Ajoutez le coulis à la préparation et mélangez délicatement. Garnissez 6 ramequins du mélange. Réservez au réfrigérateur pendant 3 h.
- Placez les rondelles d'ananas réservées au centre de 6 assiettes à dessert. Démoulez délicatement les bavarois et placez-les sur les rondelles d'ananas.

Bavarois à la piña colada

Remplacez le lait par du lait de coco. Ajoutez 2 c. à s. de rhum et le jus de 1 citron vert à la préparation.

Bavarois sur biscuit

Mélangez 125 g de beurre ramolli avec 150 g de sucre en poudre, puis ajoutez 150 g de farine, 1 sachet de levure et 3 jaunes d'œufs. Étalez la pâte et réservez au frais pendant 1 h. Découpez 6 cercles de pâte et faites cuire au four préchauffé à 180 °C de 8 à 10 min. Laissez refroidir. Dressez la préparation à l'ananas sur les cercles et mettez au frais.

Bavarois à l'ananas et à la mangue

Séparez la préparation en 2 portions avant d'ajouter le coulis de fruits. Ajoutez 1/2 ananas réduit en coulis à l'une et 1 petite mangue mixée à l'autre. Superposez 1 couche de mélange à l'ananas et 1 couche de mélange à la mangue.

Bavarois aux framboises

Remplacez l'ananas par 400 g de framboises.

Minicakes au kiwi
Remplacez le zeste et le jus d'orange ainsi que l'eau de fleur d'oranger par 3 kiwis pelés et coupés en dés. Ajoutez, éventuellement, le zeste de 1/2 citron.

Cakes glacés à l'abricot
Dans une casserole, faites tiédir 4 c. à s. de confiture d'abricots, puis badigeonnez-en les minicakes une fois qu'ils ont refroidi.

Cakes aux physalis et au sirop d'érable
Remplacez l'orange et la fleur d'oranger par 2 c. à s. de sirop d'érable et 300 g de physalis coupées en deux et poêlées avec du beurre.

Gaspacho de fraises
Mixez 16 fraises avec 1 sachet de sucre vanillé et le jus de 1 citron. Versez dans 2 verres. Servez avec les cakes.

MINICAKES À L'ORANGE ET AUX PIGNONS DE PIN

Préparation : 10 min • **Cuisson :** 30 min • **Pour 6 à 8 minicakes**

40 g de beurre ramolli + supplément pour les moules
120 g de sucre en poudre • 1 sachet de sucre vanillé
2 œufs • 20 cl de lait • le zeste et le jus de 1 orange
1 c. à s. d'eau de fleur d'oranger • 200 g de farine
1/2 sachet de levure chimique • 4 c. à s. de pignons de pin

- Préchauffez le four à 190 °C.
- Dans un saladier, battez le beurre au fouet avec le sucre et le sucre vanillé. Ajoutez les œufs, puis le lait, le zeste et le jus d'orange, l'eau de fleur d'oranger et battez bien. Incorporez la farine et la levure.
- Faites griller les pignons de pin à sec dans une poêle et ajoutez-les à la pâte.
- Beurrez 6 ou 8 minimoules à cakes, puis répartissez-y le mélange en remplissant les moules aux 3/4.
- Faites cuire au four pendant 30 min, puis laissez refroidir.

Cheesecakes aux amarettis
Remplacez les petits-beurre par des amarettis. À défaut, utilisez des croquants aux amandes.

Cheesecakes au chocolat blanc
Remplacez le chocolat noir par du chocolat blanc.

Caramel au fruit de la Passion
Faites fondre 50 g de sucre en poudre à sec, sur feu doux, en remuant avec une spatule, jusqu'à l'obtention d'un caramel blond. Hors du feu, incorporez la pulpe de 1 fruit de la Passion et le jus de 1 citron vert en battant au fouet. Faites épaissir sur feu doux. Laissez refroidir. Servez avec les cheesecakes au chocolat blanc.

Cheesecakes au chocolat et à la menthe
Remplacez les petits-beurre par des cookies au chocolat, et la moitié du chocolat par 2 c. à c. de sirop de menthe.

MINICHEESECAKES AU CHOCOLAT

Préparation : 15 min • **Repos :** 2 h • **Cuisson :** 20 min
Pour 2 minicheesecakes

6 petits-beurre • 20 g de beurre • 50 g de chocolat noir à pâtisserie
1 œuf • 150 g de ricotta • 50 g de sucre en poudre

- Préchauffez le four à 180 °C.
- Mettez les petits-beurre et le beurre dans le bol d'un mixeur, et mixez pendant quelques minutes.
- Placez 2 cercles à pâtisserie en métal sur une plaque à pâtisserie recouverte de papier sulfurisé. Versez la préparation à base de biscuits dans les cercles et lissez la surface.
- Faites fondre le chocolat au bain-marie. Versez-le dans un saladier, ajoutez l'œuf, la ricotta et le sucre, puis battez énergiquement au fouet. Répartissez ce mélange dans les cercles.
- Faites cuire au four de 15 à 20 min. Laissez refroidir, puis réservez au réfrigérateur pendant 2 h.

Crumble aux pommes et aux pistaches

Mélangez 90 g de beurre demi-sel, 90 g de sucre en poudre, 100 g de farine et 50 g de poudre de pistaches. Parsemez les pommes de cette pâte.

Crumble aux pommes et au coing

Remplacez 2 pommes par 1 coing pelé et cuit à la casserole avec un peu d'eau pendant 15 min.

Crumble aux pommes caramélisées

Faites revenir les pommes à la poêle avec 1 noix de beurre. Ajoutez 4 c. à s. de caramel au beurre salé et faites caraméliser pendant quelques minutes avant de poursuivre la recette.

Crumble aux pommes et aux framboises

Remplacez 1 pomme par 100 g de framboises fraîches ou surgelées.

MINICRUMBLES AUX POMMES VANILLÉES

Préparation : 15 min • **Cuisson :** 25 min • **Pour 6 minicrumbles**

6 pommes • 1 gousse de vanille
100 g de farine • 120 g de sucre en poudre
80 g de beurre + supplément pour les moules • sel

- Pelez les pommes, évidez-les et coupez-les en petits dés. Incisez la gousse de vanille en deux dans la longueur et grattez les graines. Ajoutez-les aux pommes.
- Dans une jatte, mélangez la farine et le sucre. Ajoutez le beurre coupé en parcelles et travaillez la pâte du bout des doigts jusqu'à l'obtention d'un mélange sableux.
- Répartissez les pommes dans 6 ramequins. Recouvrez-les de pâte.
- Faites cuire au four pendant 25 min.
- Servez tiède.

MINIGÉNOISES AUX POMMES

Préparation : 20 min • **Cuisson** : 25 min • **Pour 6 minigénoises**

40 g de raisins de Smyrne • 30 g de beurre + supplément pour les moules
50 g de chocolat blanc • 25 g de farine • 25 g de sucre en poudre
20 g de poudre d'amandes • 1/2 gousse de vanille
1 œuf • 2 pommes rouges

- Préchauffez le four à 180 °C.
- Faites tremper les raisins de Smyrne dans un bol d'eau pendant 10 min.
- Faites fondre le beurre avec le chocolat blanc cassé en morceaux au bain-marie.
- Dans une jatte, mélangez la farine, le sucre, la poudre d'amandes et les graines grattées de la gousse de vanille. Ajoutez l'œuf, puis incorporez le mélange beurre-chocolat. Remuez bien jusqu'à ce que la pâte soit homogène.
- Pelez les pommes, évidez-les et coupez-les en petits dés, puis incorporez-les à la préparation précédente. Ajoutez les raisins égouttés.
- Beurrez 6 ramequins allant au four. Répartissez-y la préparation. Faites cuire au four pendant 18 min.
- Laissez tiédir pendant quelques minutes avant de démouler. Laissez refroidir sur une grille.

Minigénoises au yaourt de brebis

Remplacez le chocolat blanc par 1 yaourt de brebis. Utilisez de la farine complète.

Minigénoises aux poires et au chocolat

Remplacez les pommes par 2 poires comices. Ajoutez 2 c. à s. de cacao amer à la pâte.

Crème au calvados

Fouettez 25 cl de crème fleurette bien froide avec 1 sachet de sucre vanillé et 1 c. à s. de calvados. Servez avec les minigénoises.

Glace à la cannelle

Faites bouillir 50 cl de lait avec 1 c. à s. de cannelle en poudre pendant 2 min. Battez 6 jaunes d'œufs et 150 g de sucre en poudre au fouet dans une jatte. Incorporez le lait petit à petit, puis remettez le tout dans la casserole et faites épaissir en remuant, sur feu doux. Passez au chinois et laissez refroidir. Faites turbiner en sorbetière. Servez avec les minigénoises.

MOELLEUX À LA BANANE ET AU FROMAGE BLANC

Préparation : 15 min • **Cuisson :** 30 min • **Pour 12 moelleux**

2 petites bananes • 1 œuf • 60 g de sucre en poudre
1/2 sachet de sucre vanillé • 225 g de fromage blanc • 2 c. à s. d'huile
le zeste de 1 citron • le zeste de 1/2 orange • le jus de 1 orange
200 g de farine • 2 c. à c. de levure • beurre pour le moule

- Préchauffez le four à 200 °C.
- Pelez les bananes et écrasez-les.
- Dans un saladier, battez l'œuf au fouet avec le sucre et le sucre vanillé, le fromage blanc, l'huile, les zestes et le jus d'agrumes. Mélangez la farine et la levure et incorporez-les à la préparation.
- Beurrez les alvéoles d'un moule à muffins, puis répartissez-y la préparation en les remplissant aux 3/4.
- Faites cuire au four pendant 30 min.
- Laissez refroidir complètement avant de servir.

Moelleux à la banane et au gingembre
Ajoutez 60 g de gingembre confit haché à la préparation.

Moelleux à la noix de coco et au fromage blanc
Mélangez 100 g de noix de coco, 125 g de sucre en poudre et 15 g de Maïzena®. Ajoutez 3 jaunes d'œufs, puis 125 g de fromage blanc et, enfin, 3 blancs d'œufs montés en neige. Faites cuire dans les alvéoles d'un moule à muffins, au four préchauffé à 180 °C, pendant 20 min.

Moelleux à la purée d'amandes
Remplacez la moitié du fromage blanc par 125 g de purée d'amandes.

Moelleux à la banane et à la pâte à tartiner
Garnissez les moules à muffins à moitié de pâte, déposez 1 c. à c. de pâte à tartiner par-dessus et recouvrez de pâte, puis faites cuire.

259

Sabayon de rhubarbe

Faites chauffer 3 jaunes d'œufs, 50 g de sucre et 20 cl de jus de rhubarbe à feu doux, en battant jusqu'à ce que le mélange triple de volume. Laissez refroidir en fouettant. Servez avec les moelleux.

Smoothie à la fraise et à la rhubarbe

Mixez 250 g de fraises avec 200 g de compote de rhubarbe, 2 c. à c. de sirop d'érable et 1 boule de glace à la vanille. Versez dans 2 verres et servez.

Mousse à la fraise et à la rhubarbe

Faites cuire 500 g de fraises avec 600 g de compote de rhubarbe pendant 10 min. Laissez refroidir, puis incorporez 20 cl de chantilly. Servez frais.

Crumble aux fraises séchées et à la rhubarbe

Mettez 800 g de morceaux de rhubarbe et 200 g de fraises séchées dans un plat à four. Recouvrez de 50 g de farine mélangée avec 100 g de petits-beurre, 50 g de cassonade et 100 g de beurre. Faites cuire au four à 210 °C pendant 35 min.

MOELLEUX À LA FRAISE ET À LA RHUBARBE

Préparation : 15 min • **Cuisson :** 25 min • **Pour 12 moelleux**

120 g de rhubarbe • 140 g de fraises • 170 g de farine
50 g de flocons d'avoine • 100 g de cassonade
1 sachet de levure chimique • 1 œuf • 15 cl de lait de soja
beurre pour le moule

- Pelez la rhubarbe, rincez-la et coupez-la en tronçons. Rincez les fraises, équeutez-les et coupez-les en deux ou en quatre.
- Dans un saladier, mélangez la farine avec les flocons d'avoine, la cassonade et la levure.
- Dans un autre saladier, battez rapidement l'œuf avec le lait de soja. Incorporez les fraises et la rhubarbe.
- Mélangez les deux préparations jusqu'à l'obtention d'une pâte homogène, sans trop travailler la pâte.
- Beurrez les alvéoles d'un moule à muffins et répartissez-y la préparation en les remplissant aux 3/4. Faites cuire au four de 20 à 25 min.
- Laissez refroidir complètement avant de servir.

Muffins aux pommes et aux spéculoos
Remplacez les flocons d'avoine par 75 g de spéculoos grossièrement hachés. Utilisez de préférence du sucre roux ou de la cassonade.

Muffins au son
Remplacez les flocons d'avoine par 75 g de son de blé ou d'avoine. Remplacez le sucre en poudre par de la vergeoise.

Muffins à la carotte et aux raisins secs
Remplacez les pommes par 2 grosses carottes râpées. Ajoutez 50 g de raisins secs.

Muffins à la noix de coco et aux canneberges
Remplacez les flocons d'avoine par 50 g de canneberges séchées et 30 g de noix de coco râpée.

MUFFINS À LA POMME ET AUX FLOCONS D'AVOINE

Préparation : 15 min • **Cuisson :** 25 min • **Pour 6 muffins**

2 pommes • 1 œuf • 50 g de sucre en poudre • 2 c. à s. de lait
1 c. à s. d'huile de tournesol • 75 g de farine • 75 g de flocons d'avoine
5 feuilles de menthe • 1 c. à c. de levure • beurre pour le moule • sel

- Préchauffez le four à 180 °C.
- Pelez les pommes, évidez-les et coupez-les en morceaux. Faites-les compoter dans une casserole pendant 15 min, à feu doux, avec 2 c. à s. d'eau.
- Dans un saladier, battez l'œuf avec le sucre, le lait et l'huile.
- Dans un autre saladier, mélangez la farine, les flocons d'avoine, la menthe préalablement ciselée, la levure et 1 pincée de sel.
- Mélangez les deux préparations jusqu'à l'obtention d'un mélange homogène, sans trop travailler la pâte. Incorporez la compote de pommes.
- Beurrez les alvéoles d'un moule à muffins et répartissez-y la préparation en les remplissant aux 3/4. Faites cuire au four de 20 à 25 min.
- Laissez refroidir complètement avant de servir.

MUFFINS AU BEURRE DE CACAHUÈTES

Préparation : 10 min • **Cuisson :** 25 min • **Pour 12 muffins**

250 g de farine • 1/2 sachet de levure chimique
150 g de pépites de chocolat • 80 g de sucre en poudre
1 œuf • 30 g de beurre + supplément pour le moule
250 g de beurre de cacahuètes • 25 cl de lait

- Préchauffez le four à 180 °C.
- Mettez la farine et la levure tamisées dans un saladier. Ajoutez les pépites de chocolat et le sucre.
- Creusez un puits au centre. Mettez-y l'œuf, le beurre, le beurre de cacahuètes et le lait, puis remuez bien.
- Beurrez les alvéoles d'un moule à muffins et répartissez-y la préparation en les remplissant aux 3/4. Faites cuire au four de 20 à 25 min.
- Laissez refroidir complètement avant de servir.

Muffins au croustillant de cacahuètes

Préparez un caramel en faisant chauffer 70 g de sucre et 3 c. à s d'eau. Ajoutez 6 cl de lait concentré non sucré tiédi et 70 g de cacahuètes non salées, puis mélangez. Répartissez sur les muffins dès la sortie du four.

Muffins sans beurre

Remplacez le beurre et le beurre de cacahuètes par 250 g de compote de pommes et 50 g de purée d'amandes.

Muffins au beurre salé et au miel

Remplacez le beurre de cacahuètes par 200 g de beurre demi-sel. Ajoutez 3 c. à s. de miel liquide à la préparation.

Muffins au jasmin et au thé matcha

Supprimez le beurre de cacahuètes. Ajoutez 80 g de beurre, 20 g de cassonade, 2 ou 3 c .à c. de thé vert matcha. Faites infuser 2 sachets de thé au jasmin dans le lait. Vous pouvez aussi utiliser 1 c .à c. d'arôme de jasmin.

MUFFINS AU CHOCOLAT ET AU VIN ROUGE

Préparation : 15 min • **Cuisson :** 30 min • **Pour 8 muffins**

100 g de beurre + supplément pour le moule
3 œufs • 100 g de sucre en poudre • 200 g de farine
1/2 sachet de levure chimique • 12,5 cl de vin rouge
100 g de pépites de chocolat noir

- Préchauffez le four à 180 °C.
- Faites fondre le beurre dans une petite casserole.
- Dans une jatte, battez les œufs au fouet avec le sucre jusqu'à ce que le mélange blanchisse. Ajoutez la farine, la levure, le vin rouge et le beurre fondu.
- Incorporez ensuite les pépites de chocolat. Mélangez bien.
- Beurrez les alvéoles d'un moule à muffins et répartissez-y la préparation en les remplissant aux 3/4. Faites cuire au four pendant 30 min.
- Laissez refroidir complètement avant de servir.

Muffins aux framboises et à l'amaretto

Remplacez les pépites de chocolat par 100 g de framboises, et le vin rouge par de l'amaretto.

Muffins au vin blanc et aux noisettes

Remplacez le vin rouge par du vin blanc, et les pépites de chocolat par de la poudre de noisettes.

Muffins aux agrumes

Remplacez le vin rouge par un trait de limoncello. Ajoutez le jus et le zeste râpée de l orange et de l pamplemousse rose à la préparation.

Pyramide de muffins

Divisez la pâte en 2 portions avant d'ajouter le chocolat. Incorporez 1 c. à s. de cacao et 50 g de pépites de chocolat noir à l'une et 50 g de pépites de chocolat au lait à l'autre. Faites cuire la moitié des deux pâtes dans un moule à gros muffins et l'autre dans des moules à minimuffins. Montez une pyramide en plaçant les gros muffins en bas et les petits en haut.

MUFFINS AU THÉ VERT ET AUX GROSEILLES

Préparation : 15 min • **Cuisson** : 25 min • **Pour 6 muffins**

60 g de sucre en poudre • 1 c. à c. de thé vert matcha en poudre
120 g de farine • 1/2 c. à c. de levure chimique • 1 œuf
4 cl d'huile de tournesol • 6 cl de lait de soja
80 g de groseilles • beurre pour le moule

- Préchauffez le four à 180 °C.
- Dans un saladier, mélangez le sucre et le thé vert matcha. Ajoutez la farine et la levure.
- Battez l'œuf avec l'huile et le lait. Versez le mélange dans le saladier en une fois et mélangez avec une cuillère en bois, jusqu'à l'obtention d'une préparation homogène. Incorporez les groseilles.
- Beurrez les alvéoles d'un moule à muffins et répartissez-y la préparation en les remplissant aux 3/4. Faites cuire au four pendant 25 min.
- Laissez refroidir complètement avant de servir.

Muffins à la farine de riz

Remplacez la farine de blé par de la farine de riz. Utilisez du lait de riz à la place du lait de soja.

Muffins au thé vert et au gingembre

Ajoutez 1 c. à s. de gingembre frais râpé à la préparation.

Muffins à la bergamote

Remplacez le lait de soja par du lait de vache. Faites-le chauffer et faites-y infuser 2 sachets de thé à la bergamote pendant 5 min. Supprimez le thé matcha.

Muffins au thé de Noël

Remplacez le lait de soja par du lait de vache. Faites-le chauffer et faites-y infuser 2 c. à s. de thé de Noël et 2 clous de girofle pendant 5 min. Supprimez le thé matcha et les groseilles. Ajoutez 2 c. à s. de miel d'acacia.

Palets à la glace au gingembre
Faites ramollir légèrement la glace, puis ajoutez-y 2 c. à s. de gingembre confit râpé. Remettez la glace au congélateur jusqu'à ce qu'elle soit ferme avant de poursuivre la recette.

Palets au rhum, aux raisins et au sésame
Utilisez des palets au beurre nature. Remplacez la glace à la vanille par de la glace au rhum et aux raisins. Remplacez les pistaches par des graines de sésame.

Palets à la menthe et aux noisettes
Remplacez la glace à la vanille par de la glace à la menthe et au chocolat, et les pistaches par des noisettes concassées.

Milkshake à la pistache
Mixez 25 cl de glace à la pistache avec 50 cl de lait. Versez dans des verres et parsemez de pistaches concassées. Servez avec les palets.

PALETS AU CHOCOLAT ET À LA PISTACHE

Préparation : 25 min • **Cuisson :** 5 min • **Pour 12 palets**

200 g de chocolat noir à pâtisserie • 80 g de pistaches
1 l de crème glacée à la vanille • 24 palets bretons au chocolat

- Faites fondre le chocolat au bain-marie.
- Faites griller les pistaches à sec dans une poêle, puis mixez-les grossièrement. Mettez-les dans une assiette creuse.
- En travaillant rapidement, prenez 1 boule de glace à la vanille en sandwich entre 2 palets au chocolat. Coupez l'excédent de glace à l'aide d'un couteau et lissez les côtés.
- Passez les bords du sandwich dans le chocolat fondu, puis passez-les dans les pistaches. Placez le sandwich sur une plaque à pâtisserie. Renouvelez l'opération avec les autres ingrédients.
- Laissez prendre au congélateur pendant 30 min.

Pasteis de nata à la cannelle

Parsemez les pasteis de 1 pincée de cannelle dès la sortie du four.

Pão de ló

Battez 8 jaunes d'œufs au fouet avec 200 g de sucre en poudre. Ajoutez le zeste et le jus de 1 orange, puis 150 g de farine petit à petit. Mélangez et incorporez 6 blancs d'œufs montés en neige. Versez dans un moule et faites cuire au four préchauffé à 180 °C pendant 30 min. Laissez refroidir.

Rabanadas

Passez 1 baguette de pain écroûtée et coupée en rondelles dans 1 œuf battu, puis dans 20 cl de lait. Faites frire dans de l'huile d'olive sur chaque face. Égouttez et saupoudrez de cannelle.

Cariços

Battez 4 blancs d'œufs en neige, puis incorporez 250 g de sucre au fouet. Ajoutez 120 g d'amandes effilées grillées à sec à la meringue. Formez de petits tas sur une plaque et faites cuire au four à 100 °C pendant 1 h.

PASTEIS DE NATA

Préparation : 15 min • **Cuisson :** 20 min • **Pour 12 pasteis**

50 cl de lait • 1 gousse de vanille • 250 g de sucre en poudre
50 g de farine • 1 œuf entier • 4 jaunes d'œufs
3 c. à s. de jus de citron • 1 rouleau de pâte feuilletée
beurre pour les moules • sel

- Préchauffez le four à 210 °C.
- Faites chauffer le lait dans une casserole avec la gousse de vanille fendue en deux et ses graines grattées. Retirez la casserole du feu dès l'ébullition. Retirez la gousse de vanille.
- Dans un saladier, mélangez le sucre, la farine et 1 pincée de sel. Ajoutez le lait progressivement en remuant bien.
- Ajoutez l'œuf, les jaunes d'œufs et le jus de citron. Mélangez énergiquement à l'aide d'une cuillère en bois.
- Étalez la pâte feuilletée et découpez-y 12 cercles. Foncez-en des moules à pasteis ou les alvéoles d'un moule à muffins beurrés.
- Faites cuire au four de 10 à 15 min, jusqu'à ce que les pasteis brunissent légèrement.
- Dégustez tiède.

Pavés au yaourt et à la cannelle

Remplacez la moitié du beurre et 50 g de farine par 1 yaourt brassé nature.

Pavés aux pommes et à la cannelle

Ajoutez 2 pommes pelées, évidées et coupées en dés à la préparation.

Pavés à la cardamome

Mélangez 250 g de farine, 1 pincée de bicarbonate de soude et 1 sachet de levure. Ajoutez 2 c. à c. d'huile, 30 cl de lait concentré sucré et 2 capsules de cardamome écrasées. Versez dans un moule carré beurré et faites cuire au four à 180 °C pendant 30 min. Découpez en carrés.

Affogato

Mettez 2 boules de glace à la vanille dans une tasse. Arrosez de 1 café expresso bouillant et de 1 trait d'eau-de-vie. Servez avec les pavés.

PAVÉS À LA CANNELLE

Préparation : 15 min • **Cuisson :** 25 min • **Pour 6 personnes**

100 g de beurre + supplément pour le moule • 250 g de farine
1 sachet de levure chimique • 180 g de sucre en poudre
1 c. à s. de cannelle en poudre • 2 œufs • 25 cl de lait

- Préchauffez le four à 180 °C.
- Faites fondre le beurre dans une petite casserole.
- Dans un saladier, mélangez la farine, la levure, le sucre et la cannelle.
- Battez les œufs avec le lait et incorporez-les rapidement aux ingrédients secs. Ajoutez le beurre fondu et mélangez jusqu'à l'obtention d'une pâte homogène.
- Beurrez un moule carré et versez-y la préparation.
- Faites cuire au four pendant 25 min.
- Laissez reposer pendant 20 min avant de démouler. Laissez refroidir complètement, puis coupez le gâteau en carrés.

PAVÉS AU CHOCOLAT ET AUX NOISETTES

Préparation : 15 min • **Cuisson :** 35 min • **Pour 16 pavés**

200 g de chocolat noir à pâtisserie
50 g de beurre + supplément pour le moule • 1 c. à s. de café lyophilisé
240 g de sucre en poudre • 2 œufs • 1 c. à c. d'extrait de vanille
140 g de farine • 90 g de cacao en poudre + supplément pour saupoudrer
1 pincée de bicarbonate de soude • 100 g de noisettes entières
2 c. à s. de liqueur de café

- Préchauffez le four à 180 °C.
- Coupez le chocolat en morceaux et le beurre en parcelles. Faites-les fondre au bain-marie avec le café lyophilisé. Remuez bien, puis laissez refroidir.
- Dans un grand saladier, battez le sucre, les œufs et l'extrait de vanille au fouet jusqu'à ce que le mélange soit pâle et mousseux. Incorporez la farine, le cacao, le bicarbonate de soude, puis le mélange au chocolat. Remuez bien.
- Faites griller les noisettes à sec dans une poêle. Ajoutez-les à la préparation, puis versez la liqueur. Mélangez.
- Beurrez un moule carré et versez-y la préparation. Faites cuire au four de 25 à 30 min.
- Laissez refroidir dans le moule, puis découpez le gâteau en petits pavés. Saupoudrez-les de cacao en poudre et servez.

Pavés aux pépites de chocolat blanc

Remplacez la moitié des noisettes par des pépites de chocolat blanc.

Chocolat chaud au piment

Portez à ébullition 75 cl de lait avec 25 cl d'eau, 1 gousse de vanille grattée et 1 bâton de cannelle. Hors du feu, ajoutez 300 g de chocolat noir râpé, 4 piments rouges hachés et 2 c. à s. de miel. Faites fondre, versez dans 4 verres et servez chaud, avec les pavés.

Chocolat samba

Faites fondre 125 g de chocolat noir avec 5 cl de café serré, en remuant. Ajoutez 30 cl de lait bouillant. Mélangez et faites chauffer au bain-marie pendant 10 min. Versez dans un grand verre, sucrez et servez avec les pavés.

Café frappé

Mixez 15 cl de café serré avec 2 c. à s. de sucre en poudre, 30 cl de lait et quelques glaçons pendant 2 min. Versez dans un verre et servez avec les pavés.

Pavés à la mélasse et au poivre

Remplacez le miel par de la mélasse. Ajoutez 2 pincées de poivre noir.

Pavés à la banane et à la cannelle

Ajoutez 3 bananes écrasées à la préparation. Remplacez le gingembre en poudre par de la cannelle.

Pain d'épice au miel

Ajoutez 1 c. à c. de cannelle en poudre, 1/2 c. à c. de clous de girofle moulus et le zeste de 1 citron râpé.

Coulis à l'orange

Faites chauffer doucement 4 c. à s. de marmelade d'oranges avec 1 c. à c. de Cointreau et 3 ou 4 écorces d'orange confites coupées en dés. Nappez les pavés de ce coulis.

PAVÉS AU GINGEMBRE ET AU MIEL

Préparation : 15 min • **Cuisson :** 45 min • **Pour 20 pavés**

pour les pavés : *200 g de farine • 1/2 sachet de levure chimique*
1 pincée de bicarbonate de soude • 1 c. à c. de gingembre en poudre
1 pincée de noix muscade râpée • 90 g de sucre en poudre roux
175 g de miel • 140 g de beurre + supplément pour le moule
pour la décoration : *1 c. à s. de sucre en poudre*
20 petits morceaux de gingembre confit

- Préchauffez le four à 150 °C.
- Pour les pavés, mélangez les ingrédients secs dans un saladier.
- Versez le miel, le beurre et 10 cl d'eau dans une casserole. Faites chauffer à feu doux jusqu'à ce que le beurre soit fondu. Ajoutez le mélange aux ingrédients secs et mélangez bien.
- Beurrez un moule carré, puis versez-y la préparation.
- Faites cuire au four pendant 40 min.
- Laissez refroidir le gâteau avant de le saupoudrer de sucre et de le couper en carrés. Ornez chaque pavé de 1 petit morceau de gingembre confit.

PETITS GÂTEAUX À LA BANANE ET AU CHOCOLAT

Préparation : 10 min • **Cuisson** : 25 min • **Pour 12 petits gâteaux**

100 g de flocons d'avoine • 180 g de farine • 130 g de sucre en poudre
1 sachet de levure chimique • 1 œuf • 100 g de compote de pommes
125 g de yaourt brassé nature • 8 cl d'huile de tournesol
1 banane • 100 g de pépites de chocolat
beurre pour le moule • sel

- Préchauffez le four à 180 °C.
- Dans un saladier, mélangez les flocons d'avoine, la farine, le sucre, la levure et 1 pincée de sel.
- Dans un autre récipient, battez l'œuf avec la compote, le yaourt et l'huile. Écrasez la banane en purée et ajoutez-la au mélange.
- Réunissez les deux préparations et remuez rapidement, jusqu'à l'obtention d'un mélange homogène. Ajoutez les pépites de chocolat.
- Beurrez un moule à muffins et répartissez-y la préparation.
- Faites cuire au four de 20 à 25 min.
- Laissez refroidir complètement avant de démouler.

Petits gâteaux à la banane et à l'ananas

Remplacez les pépites de chocolat par 100 g de dés d'ananas au sirop.

Petits gâteaux à la banane et à la noix de coco

Remplacez les pépites de chocolat par 100 g de noix de coco râpée.

Roulés à la banane et au chocolat

Faites fondre 50 g de chocolat noir. Ajoutez 10 cl de crème fleurette montée en chantilly avec 1 pincée de sucre. Nappez 1 génoise de ce mélange. Posez 1 ou 2 bananes pelées sur un côté et roulez le gâteau. Enveloppez-le dans du film alimentaire et réservez au frais pendant 3 h. Coupez en rondelles.

Verrines à la banane et au chocolat

Garnissez le fond de 4 verrines de 125 g de spéculoos écrasés avec 50 g de beurre. Recouvrez de 20 rondelles de banane, puis de 4 c. à s. de confiture de lait. Nappez de chantilly et parsemez de copeaux de chocolat.

PETITS GÂTEAUX AUX DATTES

Préparation : 10 min • **Cuisson :** 25 min • **Pour 12 petits gâteaux**

50 g de beurre + supplément pour le moule • 6 dattes
250 g de farine • 1 sachet de levure chimique
100 g de sucre en poudre • 2 pincées de cannelle • 1 œuf entier
1 c. à s. d'huile d'argan • 2 c. à s. de lait froid • sel

- Préchauffez le four à 200 °C.
- Faites fondre le beurre dans une petite casserole. Faites ramollir les dattes dans un peu d'eau tiède, puis égouttez-les et coupez-les en morceaux.
- Mélangez la farine et la levure tamisées, le sucre en poudre, la cannelle et 1 pincée de sel dans un saladier.
- Dans un autre saladier, mélangez l'œuf, le beurre fondu, l'huile d'argan et le lait.
- Réunissez les deux préparations et remuez jusqu'à l'obtention d'une pâte homogène. Ajoutez les morceaux de datte.
- Beurrez les alvéoles d'un moule à muffins et répartissez-y la préparation.
- Faites cuire au four pendant 25 min.
- Laissez refroidir complètement avant de démouler.

Petits gâteaux aux dattes et au miel
Remplacez le sucre en poudre par 3 ou 4 c. à s. de miel d'acacia.

Petits gâteaux aux dattes et à l'orange
Remplacez la cannelle par le jus et le zeste de 1 orange. Vous pouvez, éventuellement, ajouter 3 écorces d'orange confites coupées en dés.

Petits gâteaux aux pruneaux
Remplacez les dattes par des pruneaux, et l'huile d'argan par de l'huile de tournesol.

Petits gâteaux aux abricots secs
Remplacez les dattes par des abricots secs, préalablement mis à tremper dans de l'eau ou dans du rhum.

Crème de chocolat blanc au citron vert
Faites fondre 180 g de chocolat blanc avec 15 cl de lait concentré sucré en fouettant. Ajoutez 1 c. à s. de crème fraîche épaisse et le zeste de 1/2 citron vert. Laissez durcir au frais. Servez avec les petits pains.

Crème de chocolat blanc aux spéculoos
Reprenez la recette ci-dessus en remplaçant le citron vert par 4 spéculoos écrasés.

Confit de griottes
Faites cuire 200 g de griottes dénoyautées avec 200 g de sucre en poudre, à feu doux pendant 1 h. Ajoutez 1 c. à s. de sirop de violette en fin de cuisson. Servez avec les petits pains.

Gelée de champagne
Mélangez 20 cl de champagne, 5 cl d'eau, 50 g de sucre en poudre et 1 g d'agar-agar dans une casserole. Portez à ébullition, faites cuire pendant 30 sec à frémissements, puis versez dans un pot et laissez prendre. Servez avec les petits pains.

PETITS PAINS AU LAIT

Préparation : 25 min • **Repos :** 1 h • **Cuisson :** 30 min • **Pour 10 petits pains**

pour les petits pains : *30 g de beurre • 30 cl de lait • 500 g de farine 2 sachets de levure de boulanger • 50 g de sucre • 1 œuf • sel*
pour la dorure : *4 c. à s. de lait • 20 g de sucre en poudre*

- Faites chauffer le beurre et le lait dans une casserole.
- Mélangez la farine, la levure, le sucre et 1 pincée de sel dans un saladier. Faites un puits au centre, puis versez-y le mélange beurre-lait tiède et l'œuf battu.
- Pétrissez la pâte de 5 à 10 min, jusqu'à ce qu'elle ne colle plus aux mains. Si elle est trop sèche, ajoutez 1 c. à s. de lait ; si elle est trop collante, ajoutez un peu de farine.
- Formez une boule, mettez-la dans le saladier, couvrez d'un torchon propre et laissez reposer pendant 1 h dans un endroit tiède.
- Préchauffez le four à 180 °C.
- Divisez la pâte en 10 boules. Posez-les sur une plaque tapissée de papier sulfurisé. Mélangez le lait et le sucre pour la dorure et badigeonnez-en les petits pains.
- Faites cuire au four de 15 à 20 min.
- Laissez refroidir sur une grille.

ROULÉS À LA FRAISE

Préparation : 10 min • **Cuisson :** 12 min • **Pour 8 à 10 roulés**

4 œufs • 130 g de sucre en poudre • 130 g de farine
1/2 pot de confiture de fraises • sucre glace • sel

- Préchauffez le four à 180 °C.
- Séparez les blancs des jaunes d'œufs. Battez les blancs en neige très ferme.
- Battez les jaunes d'œufs avec le sucre dans un saladier jusqu'à ce que le mélange blanchisse. Ajoutez la farine et 1 pincée de sel, puis mélangez bien. Incorporez délicatement les blancs en neige à la préparation.
- Étalez la génoise sur une plaque à pâtisserie recouverte de papier sulfurisé.
- Faites cuire au four pendant 12 min. Faites ensuite glisser le papier sulfurisé avec la génoise sur un torchon humide. Nappez-la d'une fine couche de confiture.
- Roulez le gâteau délicatement. Enveloppez-le dans du papier d'aluminium et laissez refroidir au réfrigérateur.
- Coupez les extrémités. Taillez le gâteau en 8 à 10 rondelles épaisses. Parsemez-les de sucre glace.

Roulés à la fraise et à la crème

Battez 20 cl de crème liquide en chantilly avec 15 g de sucre glace. Mélangez avec la confiture de fraises.

Roulés aux biscuits roses

Remplacez la moitié de la farine par 75 g de biscuits roses mixés. Utilisez du coulis de fraises plutôt que de la confiture.

Roulés à la framboise

Mélangez 100 g de mascarpone avec 100 à 120 g de coulis de framboises et 20 cl de crème liquide montée en chantilly avec 20 g de sucre. Remplacez la confiture par la moitié de ce mélange et nappez le gâteau roulé du reste de crème.

Roulés à la lavande

Remplacez la confiture de fraises par de la gelée de lavande. Parsemez le gâteau de fleurs de lavande séchées.

ROULÉS HOLLANDAIS

Préparation : 25 min • **Repos :** 45 min • **Cuisson :** 35 min • **Pour 20 roulés**

__pour la garniture :__ 75 g de poudre de noisettes
75 g de poudre d'amandes • 110 g de sucre en poudre
100 g de sucre glace • 1 œuf • 1 c. à s. de jus de citron
__pour la pâte :__ 115 de farine • 1 sachet de levure chimique
40 g de sucre en poudre + supplément pour parsemer
60 g de beurre ramolli • 2 œufs

- Pour la garniture, mélangez la poudre de noisettes, la poudre d'amandes et les sucres dans un saladier. Faites un puits au centre et ajoutez-y l'œuf et le jus de citron. Travaillez jusqu'à l'obtention d'une pâte ferme. Divisez la pâte en 2 morceaux et roulez-les en 2 boudins de 25 cm de long. Enveloppez-les dans du film alimentaire et réservez au réfrigérateur pendant 30 min.

- Pour la pâte, mettez la farine, la levure et le sucre dans une jatte. Incorporez le beurre et travaillez la pâte du bout des doigts jusqu'à ce qu'elle forme des miettes. Ajoutez 1 œuf battu et mélangez. Formez une boule avec la pâte, enveloppez-la dans du film alimentaire et réservez-la au réfrigérateur pendant 15 min.

- Préchauffez le four à 180 °C. Abaissez la pâte entre deux feuilles de papier sulfurisé en un carré de 30 cm de côté. Coupez-le en deux. Battez l'œuf restant et badigeonnez-en la pâte. Placez 1 boudin aux fruits secs sur chaque rectangle et roulez-le pour enfermer la garniture. Placez les gâteaux « couture » vers le bas sur une plaque à pâtisserie recouverte de papier sulfurisé. Badigeonnez d'œuf et parsemez de sucre.

- Faites cuire au four pendant 35 min. Laissez refroidir sur la plaque avant de couper le gâteau en épaisses rondelles.

Roulés à la pâte d'amandes

Remplacez la garniture par de la pâte d'amandes.

Thé à la pomme et au caramel

Portez à frémissements 8 cl de thé à la bergamote, 8 cl de jus de pomme, 1/2 bâton de cannelle et 1 c. à c. de miel. Retirez le bâton de cannelle et servez dans un verre épais, avec les roulés.

Café caramel

Versez 3 cl de sirop de caramel dans un grand verre réchauffé sous l'eau chaude. Superposez délicatement par-dessus 15 cl de lait bouillant, puis 1 trait de sirop de cannelle, puis 1 tasse d'expresso. Servez avec les roulés.

Café blanc

Versez 1 c. à c. de fleur d'oranger dans une tasse. Ajoutez 20 cl de lait bouillant, puis 1 c. à c. de miel de châtaignier. Servez avec les roulés.

Scones aux cassis séchés
Ajoutez 50 g de cassis séchés à la préparation. À défaut, ajoutez des raisins secs ou des canneberges séchées.

Gelée de sirop d'érable
Versez 20 cl de sirop d'érable avec 25 cl d'eau dans une casserole. Portez à ébullition et ajoutez 1 sachet d'agar-agar. Laissez frémir pendant quelques minutes, puis laissez refroidir. Servez avec les scones.

Crème de fraises à la guimauve
Mixez 250 g de fraises. Ajoutez 5 c. à s. de Fluff® à la fraise et mélangez. Servez avec les scones.

Crème de tofu à la framboise
Mixez 150 g de framboises avec 200 g de tofu soyeux. Ajoutez 3 c. à s. de sirop de pamplemousse. Laissez refroidir, puis servez avec les scones.

SCONES

Préparation : 10 min • **Cuisson** : 15 min • **Pour 15 à 20 scones**

pour les scones *: 250 g de farine + supplément pour le plan de travail*
1 c. à c. de levure chimique • 40 g de sucre en poudre
80 g de beurre ramolli • 1 œuf • 8 cl de lait • sel
pour l'accompagnement *: confiture de figues*

- Préchauffez le four à 210 °C.
- Dans un saladier, mélangez la farine avec la levure, le sucre et 1 pincée de sel. Ajoutez le beurre mou et travaillez la pâte du bout des doigts jusqu'à ce qu'elle forme des miettes.
- Dans une jatte, fouettez l'œuf avec le lait. Incorporez ce mélange à la préparation et remuez jusqu'à l'obtention d'une pâte homogène.
- Abaissez la pâte à 1,5 cm d'épaisseur sur le plan de travail fariné. Découpez des cercles de 5 cm de diamètre à l'aide d'un emporte-pièce.
- Déposez-les sur une plaque à pâtisserie recouverte de papier sulfurisé.
- Faites cuire au four de 12 à 15 min, jusqu'à ce que les scones commencent à dorer.
- Servez tiède avec la confiture de figues.

TARTELETTES AU CARAMEL

Préparation : 15 min • **Cuisson :** 40 min • **Pour 4 tartelettes**

pour les tartelettes : *100 g de beurre froid*
les graines grattées de 1 gousse de vanille • 3 blancs d'œufs
180 g de sucre glace • 70 g de poudre de noisettes
50 g de farine • le zeste râpé de 1 orange
pour la crème au caramel : *330 g de sucre en poudre roux*
10 cl de crème fleurette • 1 c. à s. de sirop de maïs • 20 g de beurre

- Pour les tartelettes, coupez le beurre en parcelles et faites-le fondre dans une petite casserole avec les graines de vanille, sur feu moyen à vif, jusqu'à ce qu'il prenne une teinte noisette. Laissez refroidir.

- Préchauffez le four à 170 °C.

- À l'aide d'un fouet électrique, battez les blancs d'œufs en neige ferme, puis incorporez-y progressivement le sucre glace, en fouettant sans cesse, jusqu'à l'obtention d'une meringue épaisse et brillante. Ajoutez la poudre de noisettes, la farine et le zeste d'orange, puis le beurre refroidi. Mélangez bien.

- Beurrez 4 moules à tartelettes, puis répartissez-y la préparation. Faites cuire au four de 20 à 25 min, jusqu'à ce que les tartes soient dorées. Laissez reposer pendant 5 min, puis démoulez et laissez refroidir sur une grille.

- Pour la crème au caramel, versez tous les ingrédients dans une casserole et faites chauffer sur feu moyen à fort jusqu'à ce que le beurre soit fondu et le sucre dissous. Portez à ébullition et faites cuire pendant encore 1 min. Versez la crème dans le bol d'un mixeur, ajoutez 8 cl d'eau chaude et mixez. Nappez sans attendre les tartelettes de cette crème, puis laissez prendre.

Tartelettes au caramel et aux noix
Ajoutez 100 g de cerneaux de noix à la préparation.

Tartelettes au caramel et au chocolat
Faites fondre 150 g de chocolat noir avec 10 cl de crème liquide. Mélangez avec le contenu de 1 boîte de confiture de lait. Remplacez la crème au caramel par ce mélange.

Tartelettes au sirop d'érable
Mélangez 200 g de sucre roux avec 25 cl de sirop d'érable, 2 c. à s. de Maïzena® et 1 pincée de sel. Ajoutez 2 œufs battus, 30 g de beurre et 25 cl de sirop d'érable. Remplacez la crème au caramel par ce mélange.

Tartelettes au sirop d'érable et aux noix de pécan
Reprenez la recette ci-dessus en ajoutant 100 g de noix de pécan à la préparation.

TARTELETTES AUX ABRICOTS

Préparation : 30 min • **Repos :** 1 h • **Cuisson :** 20 min • **Pour 6 tartelettes**

pour la pâte : *60 g de beurre ramolli • 60 g de cassonade*
1 petit œuf • 140 g de farine • sel
pour la garniture : *6 c. à s. de poudre d'amandes*
4 à 5 abricots • 1 œuf • 8 cl de lait de soja • 20 g de sucre

- Pour la pâte, battez le beurre et la cassonade au fouet dans un saladier jusqu'à l'obtention d'un mélange homogène. Ajoutez l'œuf légèrement battu et 1 pincée de sel. Incorporez la farine et mélangez bien. Formez une boule, enveloppez-la dans du film alimentaire et laissez reposer au réfrigérateur pendant 1 h.

- Préchauffez le four à 180 °C.

- Divisez la pâte en 6 morceaux, étalez-les en cercles au rouleau et foncez-en 6 moules à minitartelettes. Piquez le fond à l'aide d'une fourchette, puis parsemez-le de la poudre d'amandes.

- Rincez les abricots, dénoyautez-les et coupez-les en quartiers. Répartissez-les dans les moules. Battez l'œuf avec le lait et le sucre. Répartissez la préparation sur les abricots.

- Faites cuire au four pendant 20 min. Laissez refroidir avant de déguster.

Tartelettes aux abricots et à la lavande

Répartissez 1 c. à s. de fleurs de lavande sur les tartelettes dès la sortie du four.

Tartelettes aux abricots et au romarin

Supprimez la crème de la garniture. Faites chauffer 4 c. à s. de miel liquide avec 1 brin de romarin. Arrosez les tartelettes de miel juste avant d'enfourner.

Pâte à la pistache

Ajoutez 50 g de pistaches concassées aux ingrédients de la pâte. Vous pouvez ajouter quelques gouttes de colorant alimentaire vert pour accentuer la couleur.

Tartelettes Tatin aux abricots

Nappez le fond de 6 moules à tartelettes de caramel liquide. Répartissez 18 abricots coupés en deux et dénoyautés par-dessus. Couvrez de disques de pâte feuilletée. Faites cuire au four préchauffé à 180 °C pendant 20 min.

TARTELETTES AUX FRAISES

Préparation : 15 min • **Repos** : 1 h • **Cuisson** : 15 min • **Pour 6 tartelettes**

pour la pâte : *80 g de beurre ramolli • 130 g de farine*
70 g de poudre d'amandes • 3 c. à s. de sucre en poudre
pour la garniture : *500 g de fraises*
1 pot de lemon curd • 2 c. à s. de sucre glace

- Pour la pâte, mélangez dans un saladier le beurre, la farine, la poudre d'amandes, le sucre et 1 c. à s. d'eau, jusqu'à l'obtention d'une pâte homogène. Roulez-la en boule, enveloppez-la dans du film alimentaire et laissez-la reposer pendant 1 h au réfrigérateur.
- Préchauffez le four à 180 °C.
- Divisez la pâte en 6 morceaux, étalez-les en cercles au rouleau et foncez-en 6 moules à minitartelettes. Piquez le fond à l'aide d'une fourchette, puis recouvrez de haricots secs.
- Faites cuire la pâte à blanc pendant 15 min, puis sortez-la du four et laissez refroidir.
- Rincez les fraises, équeutez-les et coupez-les en deux. Nappez les fonds de tartes de lemon curd, puis répartissez les fraises par-dessus.
- Réservez les tartelettes au réfrigérateur jusqu'au moment de servir et parsemez-les de sucre glace.

Tartelettes aux framboises
Remplacez les fraises par des framboises.

Tartelettes à la crème pâtissière
Remplacez le lemon curd par de la crème pâtissière.

Tartelettes au chocolat blanc
Mettez 200 g de chocolat blanc coupé en morceaux dans un saladier. Ajoutez 10 cl de crème fraîche bouillante. Faites fondre en remuant. Laissez refroidir, puis utilisez à la place du lemon curd.

Tartelettes aux fraises en gelée
Mélangez 3 c. à s. de gelée de framboise et 1 c. à s. de kirsch. Nappez-en les disques de pâte cuits avant d'ajouter les fraises. Écrasez 12 fraises en purée et faites-les chauffer avec 100 g de sucre glace. Fouettez jusqu'à épaississement. Ajoutez 10 g de gélatine en poudre délayée dans de l'eau. Nappez les fraises du mélange et laissez prendre.

VACHERINS AUX FRUITS ROUGES

Préparation : 15 min • **Cuisson :** 2 h • **Pour 4 vacherins**

3 blancs d'œufs • 180 g de sucre en poudre • 300 g de fraises
150 g de framboises • 40 cl de glace à la vanille
chantilly • 1 c. à s. de pistaches non salées concassées

- Préchauffez le four à 100 °C.
- Dans un saladier, montez les blancs d'œufs en neige ferme au fouet électrique. Ajoutez progressivement le sucre et battez à vitesse maximale pendant 1 min.
- Déposez 4 tas de meringues légèrement aplatis sur une plaque à pâtisserie recouverte de papier sulfurisé.
- Faites cuire au four pendant 2 h, puis laissez refroidir.
- Rincez les fruits. Équeutez les fraises et coupez-les en quartiers.
- Garnissez les fonds de meringue de glace à la vanille. Recouvrez avec les fruits et nappez de chantilly. Parsemez de pistaches concassées et servez sans attendre.

Vacherins aux fruits exotiques
Remplacez la glace à la vanille par de la glace aux fruits exotiques, les fraises par des dés de mangue, et les framboises par les graines de 2 fruits de la Passion.

Vacherins tout verts
Ajoutez quelques gouttes de colorant alimentaire aux blancs d'œufs et à la chantilly. Remplacez les fraises par des dés de kiwis, et les framboises par des groseilles à maquereau ou des raisins blancs.

Chantilly à la réglisse
Battez 20 cl de crème fleurette en chantilly. Dès qu'elle monte, ajoutez 1 c. à s. de sucre glace et 1/2 c. à c. de poudre de réglisse.

Chantilly à la menthe
Faites infuser 10 à 15 feuilles de menthe dans 20 cl de crème fleurette, au frais pendant 6 h. Ajoutez quelques gouttes de colorant alimentaire vert. Montez en chantilly avec 1 c. à s. de sucre glace.

Whoopie pies au piment d'Espelette
Ajoutez 1 pincée de piment d'Espelette à la pâte.

Whoopie pies à la vanille
Pour les gâteaux, remplacez le cacao en poudre par 1 c. à c. d'extrait de vanille liquide. Pour la crème, remplacez le sucre glace par du sucre vanillé.

Whoopie pies au beurre de cacahuètes
Remplacez la crème par du beurre de cacahuètes.

Whoopie pies à la confiture de lait
Remplacez la crème par de la confiture de lait.

WHOOPIE PIES AU CHOCOLAT

Préparation : 15 min • **Cuisson :** 15 min • **Pour 16 whoopie pies**

pour les gâteaux : *2 œufs • 70 g de sucre en poudre*
20 g de cacao en poudre • 125 g de farine
1 c. à c. de levure chimique • 40 g de beurre • 3 cl de lait
pour la crème : *100 g de fromage frais nature à tartiner*
20 g de sucre glace

- Préchauffez le four à 180 °C.
- Battez les œufs et le sucre au fouet dans un saladier. Incorporez le cacao, la farine et la levure.
- Faites fondre le beurre avec le lait dans une petite casserole, puis incorporez progressivement le mélange à la préparation précédente.
- Déposez la pâte par petits tas ronds sur une plaque à pâtisserie recouverte de papier sulfurisé. Faites cuire au four pendant 10 min. Laissez refroidir complètement.
- Pour la crème, travaillez le fromage frais avec le sucre jusqu'à l'obtention d'une crème homogène. Accolez les whoopie pies deux par deux en déposant 1 c. à c. de crème entre eux.
- Réservez les whoopie pies au réfrigérateur jusqu'au moment de servir.

WHOOPIE PIES AU POTIRON

Préparation : 20 min • **Cuisson :** 40 min • **Pour 16 whoopie pies**

pour les gâteaux : *400 g de potiron • 160 g de farine*
60 g de sucre en poudre • 1/2 sachet de levure chimique
80 g de beurre • 1 œuf
pour la crème : *100 g de chocolat blanc • 5 cl de crème fraîche*
pour le glaçage : *2 c. à s. de fondant pâtissier*

- Pelez le potiron et coupez-le en cubes. Faites-les cuire à feu doux dans une casserole avec 3 c. à s. d'eau, à couvert, pendant 25 min.

- Préchauffez le four à 180 °C.

- Écrasez la chair de potiron en purée, mettez-la dans un saladier et ajoutez la farine, le sucre et la levure.

- Faites fondre le beurre dans une petite casserole. Battez l'œuf rapidement, puis incorporez le tout à la préparation.

- Déposez la pâte par petits tas ronds sur une plaque à pâtisserie recouverte de papier sulfurisé. Faites cuire au four pendant 10 min. Laissez refroidir complètement.

- Pour la crème, faites fondre le chocolat blanc au bain-marie, puis incorporez-y la crème. Laissez refroidir. Accolez les whoopie pies deux par deux en déposant 1 c. à c. de crème entre eux.

- Faites chauffer le fondant au bain-marie et trempez-y le chapeau des whoopie pies. Laissez prendre, puis réservez au réfrigérateur jusqu'au moment de servir.

Whoopie pies à la courge musquée

Remplacez le potiron par de la courge musquée.

Whoopie pies à la carotte

Pour la pâte des gâteaux, remplacez la purée de potiron par 400 g de carottes cuites à la vapeur et écrasées. Ajoutez 1 pincée de cannelle à la crème.

Whoopie pies au sirop d'érable

Mélangez 75 g de fromage frais avec 25 g de sucre en poudre et 25 g de beurre en pommade. Ajoutez 2 c. à s. de sirop d'érable. Garnissez les gâteaux de ce mélange.

Whoopie pies à la guimauve

Battez 50 g de beurre ramolli avec 30 g de sucre en poudre jusqu'à ce que le mélange blanchisse. Ajoutez 1 c. à s. de lait et 40 g de chamallows® préalablement fondus au bain-marie. Garnissez les gâteaux de ce mélange.

PETITS BISCUITS

Confiture de lait maison
Faites chauffer à feu doux le contenu de 1 boîte de lait concentré sucré pendant 1 h environ, en remuant souvent. Le mélange doit être onctueux. Mixez, puis laissez refroidir.

Confiture de lait aromatisée
Reprenez la recette ci-dessus en ajoutant 3 c. à s. d'eau de fleur d'oranger au moment du mixage.

Alfajores à la farine complète
Remplacez la Maïzena® par 100 g de farine complète.

Alfajores au chocolat
Faites fondre 200 g de chocolat noir avec 10 cl de crème fleurette. Mélangez bien, puis laissez refroidir légèrement avant d'y tremper les biscuits.

ALFAJORES

Préparation : 15 min • **Cuisson** : 12 min • **Pour 30 biscuits**

100 g de beurre • 75 g de sucre en poudre • 1 œuf + 2 jaunes d'œufs
100 g de farine + supplément pour le plan de travail • 100 g de Maïzena®
1 c. à c. de levure chimique • 1 pincée de bicarbonate de soude
200 g de confiture de lait • 50 g de noix de coco râpée

- Préchauffez le four à 180 °C.
- Dans un saladier, battez le beurre et le sucre jusqu'à ce que le mélange soit crémeux.
- Incorporez l'œuf et les jaunes d'œufs, puis ajoutez la farine, la Maïzena®, la levure et le bicarbonate de soude. Mélangez, puis formez une boule avec la pâte.
- Abaissez la pâte à 5 mm d'épaisseur sur le plan de travail fariné. Découpez des disques de pâte à l'aide d'un emporte-pièce de 3 cm de diamètre. Posez-les sur une plaque à pâtisserie recouverte de papier sulfurisé.
- Faites cuire au four de 10 à 12 min. Laissez refroidir sur une grille.
- Accolez les biscuits deux par deux en déposant 1 c. à c. de confiture de lait entre eux. Versez la noix de coco râpée dans une assiette et passez-y les côtés des biscuits en les faisant rouler.
- Laissez refroidir avant de déguster. Conservez dans une boîte en fer.

Amarettis aux pistaches et aux canneberges
Ajoutez 50 g de canneberges séchées et 2 c. à s. de pistaches concassées à la préparation.

Amarettis à la violette
Remplacez l'essence d'amande amère par 10 gouttes d'essence de violette. Ajoutez 3 gouttes de colorant alimentaire violet.

Amarettis au nougat
Remplacez l'essence d'amande amère par de l'arôme de nougat (en épicerie fine).

Pêches gratinées aux amarettis
Prélevez la chair de 6 pêches jaunes coupées en deux et dénoyautées. Hachez-la et mélangez-la avec 10 amarettis grossièrement émiettés. Ajoutez 40 g de sucre, 1 jaune d'œuf et 2 c. à c. de marsala. Garnissez les demi-pêches de ce mélange. Ajoutez 1 noix de beurre, puis faites cuire au four préchauffé à 180 °C pendant 20 min. Servez tiède.

AMARETTIS

Préparation : 15 min • **Cuisson :** 20 min • **Pour 20 amarettis**

2 blancs d'œufs • 125 g de sucre en poudre
125 g de poudre d'amandes • 1 c. à s. d'amaretto (facultatif)
2 gouttes d'essence d'amande amère (facultatif) • sel

- Préchauffez le four à 180 °C.
- Battez les blancs d'œufs en neige avec 1 pincée de sel.
- À l'aide d'une spatule en bois, incorporez délicatement le sucre, la poudre d'amandes et, éventuellement, l'amaretto et l'essence d'amande amère.
- Avec une petite cuillère, formez des petits tas de pâte et déposez-les sur une plaque à pâtisserie recouverte de papier sulfurisé.
- Faites cuire au four de 15 à 20 min.
- Laissez refroidir sur une grille avant de déguster. Conservez dans une boîte en fer.

Biscottis aux pralines roses

Remplacez les noisettes par 100 g de pralines roses grossièrement hachées.

Biscottis aux airelles et au chocolat blanc

Remplacez les amandes par 100 g d'airelles, et les noisettes par 100 g de pépites de chocolat blanc.

Biscottis au chocolat et aux pignons

Remplacez les amandes par 100 g de chocolat noir fondu, et les noisettes par des pignons de pin grillés à sec.

Biscottis au café et à l'orange confite

Ajoutez 4 c. à c. de café lyophilisé à la pâte et remplacez les amandes par 100 g d'écorces d'orange confites coupées en dés.

BISCOTTIS AUX AMANDES

Préparation : 30 min • **Cuisson :** 30 min • **Pour 60 biscottis**

300 g de farine • 1 c. à s. de levure • 250 g de sucre en poudre
100 g d'amandes effilées • 100 g de poudre d'amandes
100 g de noisettes • 3 œufs • 1 c. à s. d'amaretto
1 c. à s. d'essence d'amande amère • le zeste de 1/2 citron • sel

- Préchauffez le four à 150 °C.
- Versez la farine et la levure tamisées dans un saladier. Ajoutez le sucre, les amandes, la poudre d'amandes et les noisettes hachées grossièrement. Formez un puits au centre. Incorporez les œufs battus, l'amaretto, l'essence d'amande et le zeste de citron.
- Façonnez la pâte en 3 rouleaux de 3 cm de diamètre et aplatissez-les pour leur donner une forme légèrement ovale.
- Déposez-les sur une plaque à pâtisserie recouverte de papier sulfurisé.
- Faites cuire au four pendant 20 min environ, jusqu'à ce que la surface soit dorée.
- Coupez les rouleaux en rondelles de 1 cm d'épaisseur, puis poursuivez la cuisson des biscuits pendant 5 min sur une face. Retournez-les et faites-les cuire pendant encore 5 min.
- Laissez refroidir sur une grille avant de déguster. Conservez dans une boîte en fer.

BISCUITS À LA CUILLÈRE

Préparation : 15 min • **Cuisson :** 20 min • **Pour 20 biscuits**

3 œufs • 90 g de sucre en poudre • 60 g de farine • sucre glace

- Préchauffez le four à 150 °C.
- Séparez les blancs des jaunes d'œufs. Dans un bol, fouettez les jaunes d'œufs avec 35 g de sucre en poudre.
- Dans un autre bol, battez les blancs d'œuf en neige bien ferme, puis incorporez le sucre restant.
- Réunissez délicatement les deux préparations, puis ajoutez la farine tamisée, sans trop travailler la pâte.
- Formez les biscuits à l'aide d'une cuillère et déposez-les sur une plaque à pâtisserie recouverte de papier sulfurisé.
- Juste avant d'enfourner, saupoudrez les biscuits de sucre glace.
- Faites cuire au four de 15 à 20 min.
- Laissez refroidir les biscuits avant de les décoller de la plaque. Conservez dans une boîte en fer.

Biscuits à la cuillère sans gluten
Remplacez la farine par de la Maïzena®.

Biscuits à la cuillère au cacao
Remplacez 30 g de sucre par du cacao en poudre.

Omelette norvégienne
Battez 3 blancs d'œufs en neige ferme et incorporez-y 150 g de sucre glace au fouet. Tapissez le fond d'un moule à cake de biscuits à la cuillère. Recouvrez de 1 l de glace à la vanille. Lissez, puis recouvrez de la meringue. Passez rapidement sous le gril du four et servez.

Trifle aux cerises
Montez 2 blancs d'œufs en neige. Incorporez-les à 30 g de fromage blanc. Dans des verrines, superposez en couches successives des biscuits à la cuillère imbibés de kirsch, de la mousse de fromage blanc, des cerises dénoyautées et du coulis de cerises.

BISCUITS AU SAFRAN

Préparation : 25 min • **Cuisson** : 12 min • **Pour 15 à 20 biscuits**

1 dosette de safran en filaments + supplément pour la décoration
100 g de beurre • 80 g de sucre en poudre • 1 jaune d'œuf
150 g de farine + supplément pour le plan de travail
1/2 c. à c. de levure chimique • 1/2 c. à c. de gingembre moulu
1/2 c. à c. de cannelle moulue

- Préchauffez le four à 170 °C.
- Réhydratez les filaments de safran dans de l'eau chaude pendant 15 min.
- Dans un saladier, battez le beurre, le sucre et le safran au fouet électrique jusqu'à ce que le mélange soit crémeux. Ajoutez le jaune d'œuf.
- Tamisez la farine, la levure chimique, le gingembre et la cannelle et incorporez-les au mélange. Pétrissez rapidement, puis abaissez la pâte sur le plan de travail légèrement fariné de façon qu'elle fasse 5 mm d'épaisseur.
- Découpez des disques de 3 cm de diamètre dans la pâte à l'aide d'un emporte-pièce. Déposez-les sur une plaque à pâtisserie recouverte de papier sulfurisé. Parsemez-les de 2 ou 3 filaments de safran.
- Faites cuire les biscuits pendant 12 min. Ils ne doivent pas dorer.
- Laissez refroidir les biscuits sur une grille. Conservez dans une boîte en fer.

Biscuits à la cardamome
Remplacez le safran par 2 capsules de cardamome écrasées.

Biscuits à l'orange et aux graines de nigelle
Remplacez les épices par le jus de 1 orange, et les filaments de safran par 1 c. à s. de graines de nigelle.

Biscuits à l'anis
Mélangez 100 g de beurre fondu avec 150 g de sucre et 1 œuf. Ajoutez 200 g de farine, 1 c. à s. de graines d'anis et 1 sachet de levure. Réservez au frais pendant 1 h. Formez des petits tas sur une plaque et faites cuire au four préchauffé à 200 °C de 10 à 12 min.

Crème à la vanille
Mélangez 50 g de sucre roux, 1 œuf et 1 c. à c. de Maïzena®. Ajoutez 20 cl de crème entière et 20 cl de lait puis versez dans une casserole et faites chauffer sur feu moyen, en remuant au fouet jusqu'à épaississement. Ajoutez 2 c. à c. d'extrait de vanille. Réservez au frais pendant 6 h. Servez avec les biscuits.

Biscuits aux noisettes et au café

Remplacez la moitié du cacao en poudre par 2 c. à c. de café lyophilisé.

Biscuits aux amandes et au chocolat

Remplacez 120 g de farine par de la poudre d'amandes et les noisettes par des amandes.

Mousse au chocolat et aux noisettes

Faites fondre 200 g de chocolat aux noisettes avec 1 c. à s. de lait. Versez dans un saladier et incorporez 5 jaunes d'œufs, puis, délicatement, 5 blancs d'œufs battus en neige. Réservez au frais. Servez avec les biscuits.

Milkshake à la vanille et aux noisettes

Mixez 2 boules de glace à la vanille avec 30 cl de lait. Ajoutez 1 sachet de sucre vanillé et mélangez. Versez dans des verres. Parsemez de noisettes concassées. Servez avec les biscuits.

BISCUITS AUX NOISETTES ET AU CHOCOLAT

Préparation : 20 min • **Repos :** 1 h • **Cuisson :** 25 min • **Pour 40 biscuits**

pour les biscuits : 125 g de noisettes • 240 g de beurre
100 g de sucre glace • 280 g de farine
25 g de cacao en poudre • 1 œuf • sel
pour le glaçage : 150 g de chocolat noir à pâtisserie

- Préchauffez le four à 180 °C. Répartissez les noisettes sur une plaque à pâtisserie recouverte de papier sulfurisé et faites-les griller de 10 à 15 min. Laissez-les refroidir, puis concassez-les grossièrement.

- Travaillez le beurre en pommade dans un saladier, puis ajoutez le sucre glace. Battez énergiquement au fouet jusqu'à l'obtention d'un mélange crémeux et homogène. Ajoutez la farine tamisée, le cacao et 1 pincée de sel. Remuez bien à l'aide d'une spatule en bois, puis ajoutez l'œuf et remuez de nouveau. Incorporez les noisettes.

- Divisez la pâte en trois et formez des rouleaux de 4 cm de diamètre. Enveloppez-les dans du film alimentaire et mettez-les au réfrigérateur pour 1 h.

- Préchauffez le four à 210 °C. Découpez les rouleaux en tranches de 1 cm d'épaisseur. Disposez-les sur une plaque à pâtisserie recouverte de papier sulfurisé. Faites cuire au four de 10 à 12 min. Laissez refroidir.

- Pour le glaçage, faites fondre le chocolat au bain-marie. Décorez-en les biscuits à l'aide d'une poche munie d'une douille fine.

BISCUITS ROSES DE REIMS

Préparation : 20 min • **Cuisson** : 15 min • **Pour 35 à 40 biscuits**

3 œufs • 150 g de sucre en poudre
2 gouttes de colorant alimentaire rouge • 115 g de farine
50 g de Maïzena® • 1/2 sachet de levure chimique
beurre pour la plaque • sucre glace

- Dans un saladier, battez les œufs, le sucre et le colorant au fouet jusqu'à ce que le mélange soit mousseux. Tamisez la farine, la Maïzena® et la levure, puis incorporez-les délicatement au mélange précédent.
- Graissez une plaque à biscuits rectangulaires avec le beurre. Garnissez les cavités de la plaque de la préparation. Saupoudrez de sucre glace et laissez durcir de 15 à 20 min.
- Préchauffez le four à 180 °C.
- Avant d'enfourner, saupoudrez de nouveau les biscuits de sucre glace, puis faites-les cuire pendant 15 min environ.
- Retirez la plaque du four et laissez reposer pendant 5 min avant de démouler. Renouvelez l'opération avec le reste de pâte.
- Laissez refroidir les biscuits sur une grille. Conservez-les dans une boîte en fer.

Biscuits secs roses

Pour des biscuits plus secs, poursuivez la cuisson pendant 15 min au four à 90 °C.

Crumble girly

Répartissez 250 g de fraises et 250 g de framboises dans des ramequins. Mixez 6 biscuits roses de Reims avec 12 pralines roses. Mélangez avec 25 g de beurre en pommade. Parsemez les fruits du mélange. Faites cuire au four préchauffé à 180 °C pendant 15 min.

Truffes aux biscuits roses

Mixez 8 biscuits roses avec 50 g de poudre d'amandes, 100 g de sucre glace et 15 g de glucose. Mixeur toujours en marche, incorporez 25 cl de sirop de sucre. Formez des boulettes de pâte et passez-les dans des biscuits roses mixés.

Crêpes aux biscuits roses

Préparez une pâte à crêpes. Ajoutez 100 g de biscuits roses de Reims mixés et quelques gouttes de colorant alimentaire rouge.

Carrés au riz soufflé
Remplacez les flocons d'avoine par des grains de riz soufflés de type Krispies®.

Carrés au muesli
Remplacez les flocons d'avoine par du muesli, et la cassonade par 2 c. à s. de miel.

Carrés aux flocons de maïs
Remplacez les flocons d'avoine par des flocons de maïs de type corn-flakes.

Crème de fromage blanc aux fruits secs
Battez au fouet 20 cl de crème épaisse avec 50 cl de fromage blanc. Ajoutez 2 c. à s. de fruits secs mélangés. Servez avec les carrés.

CARRÉS AUX CÉRÉALES

Préparation : 15 min • **Repos** : 1 h • **Cuisson** : 30 min • **Pour 64 carrés**

250 g de flocons d'avoine • 50 g de farine
30 g de copeaux de noix de coco • 1 c. à c. de cannelle en poudre
le zeste râpé de 1 orange • 50 g de raisins secs
50 g de canneberges séchées • 50 g de graines de tournesol
50 g de graines de courge • 200 g de beurre
+ supplément pour le moule • 150 g de miel liquide
50 g de cassonade • les graines grattées de 1 gousse de vanille

- Préchauffez le four à 180 °C.
- Dans un saladier, mélangez les flocons d'avoine, la farine, la noix de coco, la cannelle, le zeste d'orange, les fruits secs et les graines de tournesol et de courge.
- Faites fondre le beurre dans une petite casserole. Ajoutez-y le miel, la cassonade et les graines de vanille. Remuez, puis incorporez à la préparation sèche.
- Beurrez un moule carré et versez-y la préparation. Lissez à la spatule.
- Faites cuire au four de 20 à 25 min.
- Laissez refroidir, puis laissez durcir au réfrigérateur pendant 1 h.
- Coupez le gâteau en carrés de 2 cm de côté. Conservez dans une boîte en fer.

Carrés express
Émiettez 400 g de petits-beurre et mélangez-les avec 80 g de beurre ramolli et 200 g de chocolat fondu. Tapissez un moule de ce mélange. Recouvrez de confiture de lait et de noisettes avant de faire cuire.

Carrés blancs
Faites fondre 250 g de chocolat blanc au bain-marie. Ajoutez 100 g de pistaches concassées et 100 g de noix de coco râpée. Versez dans un moule recouvert de papier sulfurisé et lissez. Laissez prendre, découpez en carrés.

Milkshake à la noix de coco
Mixez 2 boules de glace à la noix de coco avec 12,5 cl de lait de coco et 1 c. à c. d'extrait de vanille liquide. Servez, parsemé de noix de coco râpée, avec les carrés.

Milkshake choco-coco
Reprenez la recette ci-dessus en remplaçant 1 boule de glace à la noix de coco par 1 boule de glace au chocolat.

CARRÉS AUX NOISETTES ET AU CHOCOLAT

Préparation : 25 min • **Cuisson** : 45 min • **Pour 15 à 20 biscuits**

pour les biscuits *: 200 g de noisettes • 225 g de farine*
175 g de beurre doux ramolli • 75 g de sucre en poudre roux
200 g de chocolat noir • 75 g de noix de coco râpée • sel
pour le caramel *: 110 g de beurre doux • 110 g de cassonade*
25 g de farine • 1 c. à s. de crème fraîche épaisse

- Préchauffez le four à 180 °C. Coupez les noisettes en deux. Étalez-les sur une plaque à pâtisserie et faites-les griller au four pendant 5 min.

- Mettez la farine et 1 pincée de sel dans un saladier. Incorporez le beurre, puis le sucre et remuez bien. Versez la préparation dans un moule rectangulaire et faites cuire pendant 15 min, jusqu'à ce que la pâte soit très légèrement dorée. Retirez le plat du four et laissez refroidir le biscuit de 4 à 5 min.

- Pour le caramel, mettez le beurre, la cassonade, la farine et la crème dans une petite casserole. Mélangez sur feu doux, puis portez à ébullition. Retirez la casserole du feu.

- Détaillez le chocolat en copeaux, puis répartissez-les sur la base de biscuit. Parsemez de noix de coco râpée et des noisettes grillées. Versez le caramel par-dessus.

- Faites cuire au four de 15 à 20 min, jusqu'à ce que le caramel soit bien doré. Retirez le moule du four et laissez refroidir. Découpez le biscuit en 15 à 20 carrés. Conservez dans une boîte en fer.

Cœurs au citron
Mélangez 60 g de beurre avec 60 g de sucre en poudre et le zeste de 1 citron. Ajoutez 1 œuf battu, le jus de 1 citron et 175 g de farine, en remuant sans cesse. Étalez la pâte au rouleau, découpez-y des cœurs et posez-les sur une plaque. Faites cuire au four préchauffé à 170 °C de 15 à 20 min.

Cœurs au pamplemousse
Reprenez la recette ci-dessus en remplaçant le citron par 1/2 pamplemousse.

Petits cœurs moelleux
Mélangez 4 jaunes d'œufs avec 120 g de sucre. Ajoutez 120 g de farine, 1 sachet de levure, 75 g de beurre et 1 c. à c. de quatre-épices. Ajoutez 4 blancs d'œufs montés en neige. Versez dans des minimoules en forme de cœurs. Faites cuire au four préchauffé à 180 °C pendant 25 min.

Petits cœurs à l'orange
Reprenez la recette ci-dessus en remplaçant les épices par le jus de 1 orange.

CŒURS AUX ÉPICES

Préparation : 15 min • **Repos** : 20 min • **Cuisson** : 15 min • **Pour 25 biscuits**

125 g de beurre • 100 g de cassonade • 3 c. à s. de miel • 2 œufs
350 g de farine • 1 c. à c. de clous de girofle en poudre
1 c. à c. de cardamome en poudre • 1 c. à c. de gingembre en poudre
1 c.à c. de cannelle en poudre • sel

- Faites fondre le beurre dans une petite casserole.
- Dans un saladier, battez le beurre fondu, la cassonade et le miel au fouet. Ajoutez les œufs, la farine, les épices et 1/2 c. à c. de sel, puis mélangez énergiquement au fouet.
- Laissez reposer la pâte au réfrigérateur pendant 20 min.
- Préchauffez le four à 180 °C.
- Abaissez la pâte à 5 mm d'épaisseur. À l'aide d'un emporte-pièce, découpez des cœurs dans la pâte et déposez-les sur une plaque à pâtisserie recouverte de papier sulfurisé.
- Faites cuire au four de 10 à 15 min.
- Sortez la plaque du four et laissez refroidir. Conservez dans une boîte en fer.

CONGOLAIS

Préparation : 10 min • **Cuisson** : 10 min • **Pour 20 à 25 biscuits**

50 g de beurre ramolli • 200 g de sucre en poudre • 3 œufs
250 g de noix de coco en poudre

- Coupez le beurre en petits morceaux, puis mettez-les dans un saladier avec le sucre et les œufs. Battez jusqu'à ce que la préparation soit homogène.
- Ajoutez la noix de coco et mélangez.
- Préchauffez le four à 140 °C.
- Formez de petits tas de pâte et mettez-les sur une plaque à pâtisserie recouverte de papier sulfurisé.
- Faites cuire au four pendant 10 min.
- Laissez refroidir les biscuits sur une grille avant de déguster. Conservez dans une boîte en fer.

Congolais au chocolat
Trempez un côté des congolais dans 100 g de chocolat noir fondu mélangé à 10 cl de crème fleurette.

Congolais aux canneberges
Ajoutez à la préparation 75 g de canneberges séchées préalablement trempées dans de l'eau.

Truffes façon congolais
Mélangez 2 blancs d'œufs, 120 g de sucre en poudre et 150 g de noix de coco râpée. Formez des boulettes de pâte et posez-les sur une plaque. Faites cuire au four préchauffé à 180 °C pendant 10 min. Laissez refroidir.

Congolais au lait concentré sucré
Mélangez 250 g de noix de coco râpée et le contenu de 1 boîte de lait concentré sucré. Formez des boulettes de pâte et posez-les sur une plaque. Réservez au frais pendant 2 h.

Cookies au chocolat et à la nougatine
Remplacez le gingembre par 40 g de nougatine cassée en morceaux. Utilisez de préférence du chocolat au lait.

Cookies à l'épeautre
Ajoutez 30 g de flocons de petit épeautre à la préparation. On en trouve dans les épiceries bio.

Cookies au chocolat et à l'orange
Remplacez les kumquats par 20 g d'écorces d'orange confites coupées en dés.

Cookies au chocolat et au sésame
Remplacez les kumquats confits par 1 à 2 c. à s. de graines de sésame blond. Remplacez le beurre par 40 g de tahin (pâte de sésame).

COOKIES AU CHOCOLAT ET AU GINGEMBRE

Préparation : 15 min • **Repos :** 1 h • **Cuisson :** 10 min • **Pour 12 cookies**

80 g de chocolat noir à pâtisserie • 20 g de beurre • 1 œuf
40 g de sucre en poudre • 60 g de farine • 1 c. à c. de cacao en poudre
1/2 c. à c. de gingembre en poudre • quelques kumquats confits • sel

- Cassez le chocolat en morceaux et mettez-le dans une jatte avec le beurre. Faites-les fondre au bain-marie.
- Retirez du feu. Ajoutez l'œuf et le sucre, puis battez au fouet. Incorporez ensuite la farine, le cacao, le gingembre et 1 petite pincée de sel. Mélangez, puis formez une boule avec la pâte. Enveloppez-la dans du film alimentaire et laissez-la reposer au réfrigérateur pendant 1 h.
- Préchauffez le four à 180 °C.
- Façonnez des petites boules de pâte et déposez-les sur une plaque à pâtisserie recouverte de papier sulfurisé. Aplatissez-les légèrement. Coupez les kumquats confits en morceaux et ajoutez-en 1 sur chaque biscuit.
- Faites cuire au four pendant 10 min. Laissez refroidir sur une grille.

Cookies au potimarron
Remplacez la purée de potiron par de la purée de potimarron. Ajoutez 25 g de sucre en poudre.

Cookies à la patate douce
Remplacez la purée de potiron par de la purée de patates douces et la cannelle par du gingembre.

Cookies au potiron et au caramel
Faites un caramel en faisant chauffer 150 g de sucre en morceaux avec un peu d'eau. Hors du feu, incorporez 20 cl de crème liquide frémissante, puis 80 g de beurre demi-sel. Déposez 1 noix de caramel au centre de chaque cookie avant d'enfourner.

Cookies au potiron et aux épices
Ajoutez 1/2 c. à c. de badiane et utilisez 1 c. à c. complète de cannelle. Vous pouvez choisir des pépites de chocolat blanc.

COOKIES AU POTIRON

Préparation : 15 min • **Cuisson :** 10 min • **Pour 20 cookies**

100 g de purée de potiron surgelée • 1 œuf • 75 g de sucre en poudre
110 g de farine • 1 c. à c. de levure chimique • 50 g de pépites de chocolat
1 pincée de cannelle

- Faites décongeler la purée en suivant les indications sur le sachet. Égouttez-la bien.
- Préchauffez le four à 180 °C.
- Battez l'œuf avec le sucre en poudre jusqu'à ce que le mélange blanchisse. Incorporez la farine, la levure et la purée de potiron. Ajoutez les pépites de chocolat et la cannelle.
- Formez des petits tas de pâte et déposez-les sur une plaque recouverte de papier sulfurisé.
- Faites cuire au four pendant 10 min environ.
- Servez tiède.

COOKIES AUX RAISINS SECS ET AUX CACAHUÈTES

Préparation : 15 min • **Repos** : 1 h 30 • **Cuisson** : 12 min • **Pour 16 cookies**

60 g de raisins secs • 60 g de cacahuètes décortiquées non salées
100 g de beurre ramolli • 75 g de sucre en poudre • 100 g de cassonade
1 œuf • 225 g de farine • 1/2 sachet de levure chimique • sel

- Faites tremper les raisins secs dans un petit bol d'eau pendant 15 min. Concassez grossièrement les cacahuètes.
- Mettez le beurre, le sucre et la cassonade dans un saladier, et battez au fouet jusqu'à ce que le mélange blanchisse. Ajoutez l'œuf et 1 pincée de sel. Remuez, puis incorporez les raisins secs égouttés, les cacahuètes, puis la farine et la levure tamisées.
- Formez un boudin avec la pâte. Enveloppez-le dans du film alimentaire et réservez-le au réfrigérateur pendant 1 h 30.
- Préchauffez le four à 180 °C.
- Coupez des rondelles de pâte et formez des boules entre vos mains. Déposez-les sur une plaque à pâtisserie recouverte de papier sulfurisé.
- Faites cuire au four pendant 12 min. Laissez refroidir sur une grille.

Cookies au muesli
Remplacez les cacahuètes par 60 g de muesli. Remplacez, éventuellement le beurre par de la purée d'amandes blanches.

Cookies aux M&M's®
Remplacez les cacahuètes et les raisins secs par 120 g de M&M's® aux cacahuètes.

Cookies aux airelles
Remplacez les raisins secs par des airelles, et les cacahuètes par des pépites de chocolat blanc.

Trifle aux cookies
Dans des verrines, superposez en couches successives des cookies émiettés, des poires caramélisées et de la chantilly à la vanille. Nappez de caramel et parsemez d'amandes effilées.

CORNES À LA PISTACHE

Préparation : 15 min • **Repos** : 4 h • **Cuisson** : 18 min • **Pour 16 cornes**

25 g de pistaches • 90 g de farine • 40 g de sucre glace + supplément pour la décoration • 50 g de beurre demi-sel 1 jaune d'œuf

- Concassez grossièrement les pistaches et faites-les griller à sec dans une poêle.
- Mettez la farine, le sucre glace, le beurre et le jaune d'œuf dans un saladier, et battez au fouet électrique jusqu'à l'obtention d'une pâte moelleuse et humide.
- Travaillez la pâte à la main pour bien incorporer les pistaches, puis formez une boule de pâte. Enveloppez-la dans du film alimentaire et réservez-la au réfrigérateur pendant 4 h, jusqu'à ce qu'elle soit bien ferme.
- Préchauffez le four à 160 °C.
- Prélevez des petits morceaux de pâte et façonnez-les en forme de cornes. Déposez-les sur une plaque à pâtisserie recouverte de papier sulfurisé. Faites cuire au four pendant 18 min.
- Laissez refroidir pendant 5 min, puis passez les cornes dans du sucre glace. Laissez refroidir complètement.

Cornes au sésame
Badigeonnez les cornes de jaune d'œuf et parsemez-les de graines de sésame juste avant d'enfourner. Supprimez la couverture de sucre glace.

Cornes aux amandes
Pour la farce, remplacez les pistaches par des amandes concassées, et la pâte de pistaches par de la poudre d'amandes.

Cornes à l'eau de fleur d'oranger
Ajoutez 1 c. à s. d'eau de fleur d'oranger à la pâte et 2 c. à s. à la garniture.

Cornes aux dattes
Remplacez les pistaches par des dattes coupées en dés, et la pâte de pistaches par la pâte de dattes.

Couronnes aux épices
Ajoutez 1 c. à c. de cannelle et 1/2 c. à c. de gingembre à la préparation. Utilisez de préférence du beurre demi-sel.

Couronnes au sucre granulé
Parsemez les couronnes de sucre granulé avant d'enfourner.

Glaçage à la fraise
Mélangez 100 g de sucre glace avec 8 fraises mixées et quelques gouttes de colorant alimentaire rouge. Badigeonnez les couronnes refroidies de ce glaçage. Supprimez les amandes et les fruits confits.

Glaçage à la noix de coco
Mélangez 100 g de sucre glace avec 2 c. à s. de crème fraîche et 3 c. à s. de noix de coco râpée. Badigeonnez les couronnes refroidies de ce glaçage. Supprimez les amandes et les fruits confits.

COURONNES AU BEURRE

Préparation: 20 min • **Cuisson**: 15 min • **Pour 20 couronnes**

250 g de beurre ramolli • 100 g de sucre glace • 180 g de farine + supplément pour le plan de travail • 120 g de Maïzena® quelques morceaux de cerises et de cédrats confits 80 g d'amandes effilées

- Préchauffez le four à 180 °C.
- Mettez le beurre et le sucre glace dans un saladier, puis battez au fouet électrique jusqu'à ce que la préparation soit légère et crémeuse. Incorporez progressivement la farine et la Maïzena® tamisées, puis mélangez bien.
- Pétrissez la pâte sur le plan de travail fariné pendant 10 min, jusqu'à ce qu'elle soit homogène. Divisez-la en 3 portions. Placez chaque portion entre deux feuilles de papier sulfurisé, puis abaissez-les au rouleau à 6 mm d'épaisseur.
- Découpez des cercles à l'aide d'un emporte-pièce rond crénelé. Retirez le centre de chaque cercle à l'aide d'un emporte-pièce rond et crénelé plus petit. Déposez les couronnes sur une plaque à pâtisserie recouverte de papier sulfurisé.
- Coupez les fruits confits en petits dés et décorez les couronnes de ces dés de fruits et des amandes effilées.
- Faites cuire au four de 12 à 15 min, jusqu'à ce que les bords des biscuits soient légèrement dorés. Laissez refroidir sur une grille. Conservez dans une boîte en fer.

Crackers au caramel
Découpez 40 disques dans de la pâte à raviolis chinois. Posez-les sur une plaque, badigeonnez-les d'œuf battu avec 2 c. à s. de crème fraîche. Parsemez de sucre roux. Faites cuire au four préchauffé à 180 °C de 6 à 8 min. Laissez refroidir.

Crackers au pavot
Reprenez la recette ci-dessus en ajoutant des graines de pavot bleu sur les crackers juste avant d'enfourner.

Glace au thé au jasmin
Faites bouillir 5 cl de lait avec 3 c. à c. de thé noir au jasmin. Laissez infuser hors du feu, puis filtrez et laissez refroidir. Battez 2 jaunes d'œufs avec 75 g de sucre en poudre. Ajoutez 20 cl de crème fouettée et le lait. Incorporez 2 blancs d'œufs en neige. Faites turbiner en sorbetière. Servez avec les crackers.

Glace au thé au lotus
Reprenez la recette ci-dessus en remplaçant le thé au jasmin par du thé à la fleur de lotus.

CRACKERS AU SÉSAME

Préparation : 15 min • **Cuisson** : 15 min • **Pour 40 biscuits**

120 g de beurre • 1 kg d'amandes mondées • 500 g sucre en poudre
12 cl d'eau de fleur d'oranger • 1/2 c. à c. de cannelle en poudre
1 pincée de gomme arabique (facultatif) • 1 blanc d'œuf
3 c. à s. de graines de sésame

- Préchauffez le four à 180 °C.
- Faites fondre le beurre dans une petite casserole.
- Mettez les amandes et le sucre dans le bol d'un mixeur et mixez en une pâte épaisse. Versez-la dans un saladier.
- Ajoutez l'eau de fleur d'oranger, le beurre fondu, la cannelle et, éventuellement, la gomme arabique. Mélangez.
- Formez des petits tas de pâte et déposez-les sur une plaque à pâtisserie recouverte de papier sulfurisé. Badigeonnez-les de blanc d'œuf battu et parsemez-les de graines de sésame.
- Faites cuire au four pendant 10 min.
- Laissez refroidir avant de déguster. Conservez dans une boîte en fer.

CROQUANTS AUX AMANDES

Préparation : 1 h • **Cuisson :** 10 min • **Pour 30 croquants**

pour la pâte : *280 g de farine • 210 g de beurre*
100 g de poudre d'amandes • 70 g de sucre
pour la décoration : *1 sachet de sucre vanillé • 30 g de sucre glace*

- Préchauffez le four à 200 °C.
- Pour la pâte, mettez tous les ingrédients dans un saladier et travaillez-les du bout des doigts jusqu'à l'obtention d'une pâte souple et homogène.
- Façonnez des galettes de pâte légèrement ovales et disposez-les sur une plaque à pâtisserie recouverte de papier sulfurisé.
- Faites cuire au four pendant 10 min. Décollez les biscuits de la plaque dès la sortie du four et passez-les dans une assiette contenant le sucre vanillé et le sucre glace mélangés.
- Laissez refroidir complètement et conservez dans une boîte en fer.

Croquants aux figues et aux abricots

Remplacez la poudre d'amandes par 80 g de figues séchées et 80 g d'abricots séchés coupés en dés.

Croquants aux cacahuètes

Remplacez la poudre d'amandes par des cacahuètes non salées concassées.

Croquants à l'orange

Ajoutez le zeste de 2 oranges à la préparation.

Croustifondants aux noisettes

Montez 4 blancs d'œufs en neige. Incorporez 120 g de sucre en poudre, 100 g de sucre glace, 1 c. à c. de Maïzena®, 1 c. à c. de vinaigre blanc et 125 g de noisettes. Formez des tas sur une plaque et faites cuire au four préchauffé à 120 °C pendant 30 min, en laissant la porte du four entrouverte.

CROQUANTS AUX MYRTILLES

Préparation : 10 min • **Cuisson :** 12 min • **Pour 15 à 20 croquants**

100 g de beurre ramolli • 100 g de sucre en poudre • 1 œuf
3 c. à c. d'extrait de vanille • 160 g de farine
1 pincée de bicarbonate de soude • 150 g de myrtilles

- Préchauffez le four à 180 °C.
- Mettez tous les ingrédients dans un saladier, en les incorporant dans l'ordre de la liste, et mélangez bien.
- Formez des petites boules de préparation entre les paumes des mains (les boules s'aplatiront à la cuisson). Déposez-les sur une plaque à pâtisserie recouverte de papier sulfurisé, en les espaçant bien.
- Faites cuire au four pendant 12 min.
- Laissez-les refroidir sur une grille. Conservez les croquants dans une boîte en fer.

Croquants aux myrtilles choco-coco
Remplacez 25 g de beurre et 25 g de sucre par 50 g de chocolat blanc. Remplacez 60 g de farine par de la noix de coco râpée.

Croquants aux canneberges
Remplacez les myrtilles par des canneberges séchées.

Croquants aux cassis
Remplacez les myrtilles par des cassis. Remplacez l'extrait de vanille par 1 c. à c. de liqueur de cassis ou de mûre. Vous pouvez aussi utiliser des groseilles.

Croustimoelleux aux myrtilles
Remplacez 50 g de beurre et 50 g de farine par 1 banane écrasée. Vous pouvez également utiliser 100 g de compote de pommes.

DIAMANTS À LA PISTACHE

Préparation : 20 min • **Repos :** 30 min • **Cuisson :** 15 min • **Pour 20 biscuits**

125 g de beurre ramolli • 150 g de sucre en poudre
quelques gouttes d'extrait de vanille liquide
3 gouttes de colorant alimentaire vert • 180 g de farine
40 g de pistaches entières non salées

- Dans un saladier, battez au fouet le beurre, 100 g de sucre et l'extrait de vanille, jusqu'à l'obtention d'une préparation claire et crémeuse. Ajoutez le colorant alimentaire et la farine, et travaillez jusqu'à ce que la pâte soit homogène. Incorporez les pistaches et mélangez.

- Formez 3 boudins de pâte de 3 cm de diamètre. Enveloppez-les dans du film alimentaire et réservez-les au congélateur pendant environ 30 min.

- Préchauffez le four à 180 °C.

- Mettez le reste de sucre dans une assiette plate. Humidifiez légèrement les boudins de pâte en les badigeonnant d'un peu d'eau à l'aide d'un pinceau à pâtisserie. Passez-les ensuite dans le sucre, puis découpez des rondelles de pâte d'environ 1,5 cm d'épaisseur.

- Disposez les biscuits sur une plaque à pâtisserie recouverte de papier sulfurisé. Faites cuire au four de 10 à 15 min. Laissez refroidir sur une grille.

Diamants à la pistache et au sésame
Badigeonnez les côtés des diamants avec 1 jaune d'œuf battu, puis passez-les dans des graines de sésame. Vous pouvez aussi utiliser des graines de pavot ou de nigelle.

Diamants au chocolat et à l'anis
Remplacez les pistaches et le colorant par 30 g de cacao amer en poudre. Ajoutez 1/2 c. à c. d'anis en poudre.

Diamants à la cannelle
Supprimez les pistaches et le colorant. Ajoutez 1/2 c. à c. de cannelle en poudre à la préparation.

Diamants au thé matcha
Supprimez les pistaches et le colorant. Ajoutez 1 c. à s. de thé matcha en même temps que la farine.

Étoiles à la confiture sans gluten
Remplacez la farine par 125 g de Maïzena® et 125 g de fécule de pomme de terre. Vous pouvez aussi utiliser de la farine de riz complet.

Étoiles à la confiture de fruits jaunes
Remplacez la confiture de fraises par de la confiture d'abricots, de pêches ou de nectarines.

Confiture de fraises à l'agar-agar
Mettez 1,2 kg de fraises équeutées et coupées en dés dans une casserole avec 500 g de sucre. Remuez, puis couvrez et faites cuire pendant 15 min à feu moyen. Mixez, puis remettez dans la casserole et ajoutez 1 c. à c. d'agar-agar. Mélangez, portez à frémissement et laissez frémir pendant 3 min. Versez dans des pots.

Confiture de cerises
Reprenez la recette ci-dessus en remplaçant les fraises par des cerises noires dénoyautées. Ajoutez 100 g de sucre en poudre.

ÉTOILES À LA CONFITURE DE FRAISES

Préparation : 20 min • **Repos :** 2 h • **Cuisson :** 10 min • **Pour 15 étoiles**

250 g de farine + supplément pour le plan de travail
100 g de sucre en poudre • 1 goutte de liqueur d'amande amère
1 œuf • 125 g de beurre ramolli • 1 pot de confiture de fraises
2 c. à s. de sucre glace • sel

- Mettez la farine dans un saladier et creusez un puits au centre. Ajoutez le sucre, 1 petite pincée de sel, la liqueur d'amande et l'œuf. Mélangez. Coupez le beurre en morceaux et incorporez-les progressivement à la pâte. Formez une boule et laissez-la reposer au réfrigérateur pendant 2 h.

- Préchauffez le four à 160 °C.

- Abaissez la pâte sur le plan de travail légèrement fariné et découpez des étoiles à l'aide d'emporte-pièce. Déposez-les sur une plaque à pâtisserie recouverte de papier sulfurisé et ajourez 1 étoile sur 2 à l'aide d'un emporte-pièce en forme d'étoile plus petit.

- Faites cuire au four pendant 10 min, puis laissez refroidir sur une grille.

- Déposez 1 petite c. à c. de confiture de fraises sur les étoiles pleines et déposez par-dessus les étoiles ajourées. Saupoudrez de sucre glace. Conservez dans une boîte en fer.

FEKKAS AUX FRUITS SECS

Préparation : 15 min • **Cuisson** : 25 min • **Pour 20 biscuits**

175 g de farine • 50 g de sucre en poudre • 1 c. à s. de levure chimique
50 g d'amandes entières • 50 g de raisins secs blonds
2 c. à s. de graines de sésame • 1 œuf
1 c. à c. d'huile de tournesol • 1 jaune d'œuf

- Préchauffez le four à 180 °C.
- Mettez la farine, le sucre et la levure dans un grand saladier et mélangez. Ajoutez les fruits secs et les graines de sésame, puis incorporez l'œuf battu et l'huile. Travaillez la pâte à la main et formez une boule.
- Façonnez-la en un long boudin de 4 cm de diamètre. Posez-le sur une plaque à pâtisserie recouverte de papier sulfurisé. Badigeonnez-le de jaune d'œuf à l'aide d'un pinceau.
- Faites cuire au four pendant 15 min.
- Laissez refroidir pendant 10 min, puis coupez le boudin en tranches de 1 cm d'épaisseur maximum. Déposez-les sur la plaque et faites cuire au four de 5 à 10 min.
- Laissez refroidir avant de déguster. Conservez dans une boîte en fer.

Fekkas au miel
Remplacez le sucre en poudre par 4 c. à s. de miel d'acacia.

Fekkas aux cacahuètes
Remplacez les amandes par des cacahuètes non salées.

Fekkas aux cacahuètes et au lait concentré
Faites chauffer 1 boîte de lait concentré sucré au bain-marie pendant 45 min. Hors du feu, ajoutez 500 g de cacahuètes grillées et concassées. Mélangez, puis formez des boudins de pâte. Enveloppez-les dans du film alimentaire et laissez durcir au frais pendant 4 h. Coupez en rondelles.

Nougat noir aux fruits secs
Faites un caramel à sec avec 150 g de sucre. Ajoutez 100 g de miel liquide tiédi. Remuez et chauffez à feu moyen jusqu'à ce que le caramel soit onctueux. Ajoutez 75 g d'amandes et 75 de noisettes entières. Mélangez hors du feu. Étalez le mélange sur une plaque, laissez refroidir et durcir, puis cassez en morceaux.

FLEURS AU CACAO, CŒUR DE CHOCOLAT BLANC

Préparation : 30 min • **Repos** : 10 min • **Cuisson** : 15 min • **Pour 25 fleurs**

pour la ganache : *75 g de chocolat blanc • 1 c. à s. de lait*
pour les sablés : *50 g de beurre ramolli • 1 jaune d'œuf*
30 g de sucre en poudre • 100 g de farine • 1 c. à s. rase de cacao

- Préparez la ganache. Faites fondre le chocolat blanc avec le lait. Mélangez bien et laissez refroidir au réfrigérateur.
- Pour les sablés, malaxez le beurre avec le jaune d'œuf et le sucre. Ajoutez la farine et le cacao. Pétrissez jusqu'à l'obtention d'une pâte homogène. Si la pâte est trop sèche, vous pouvez ajouter 1 c. à s. d'eau. Laissez reposer pendant 10 min.
- Préchauffez le four à 180 °C.
- Abaissez la pâte sur 3 mm d'épaisseur. Découpez les biscuits à l'emporte-pièce et déposez-les sur une plaque à pâtisserie recouverte de papier sulfurisé. Évidez le cœur de la moitié d'entre eux à l'aide d'un emporte-pièce plus petit.
- Faites cuire au four pendant 10 min environ.
- Laissez refroidir, puis garnissez les sablés pleins de ganache au chocolat blanc. Recouvrez avec les sablés évidés et pressez délicatement.
- Conservez dans une boîte en fer.

Cœurs de marrons
Remplacez la ganache au chocolat par de la crème de marrons.

Cœurs de café
Remplacez la ganache au chocolat par de la crème dessert au café. Ajoutez 1 c. à c. d'extrait de café à la pâte à sablés.

Ganache au praliné
Faites fondre 25 g de chocolat au lait. Ajoutez 80 g de pâte pralinée et 1 noix de beurre. Mélangez, laissez refroidir, puis garnissez les sablés de cette ganache.

Ganache à la vanille
Portez à ébullition 100 g de crème liquide entière avec 1 gousse de vanille et ses graines grattées dans une casserole. Retirez du feu et couvrez. Laissez infuser pendant 30 min, puis retirez la gousse. Incorporez 110 g de chocolat blanc fondu à la crème. Laissez refroidir. Garnissez les sablés de cette ganache.

FLORENTINS

Préparation : 20 min • **Cuisson :** 6 min • **Pour 20 biscuits**

50 g de fruits confits • 100 g de sucre en poudre • 2 c. à s. de miel
40 cl de crème fraîche • 50 g d'amandes effilées • 100 g de chocolat noir

- Préchauffez le four à 180 °C.
- Hachez les fruits confits.
- Faites chauffer le sucre avec le miel et 10 cl d'eau sur feu doux. Ajoutez la crème, les fruits confits et les amandes. Mélangez.
- À l'aide d'une cuillère ou d'une poche à douille, déposez des noix de pâte sur une plaque à pâtisserie recouverte de papier sulfurisé. Abaissez-les de manière à former des biscuits de 5 cm de diamètre.
- Faites cuire au four de 5 à 6 min, puis laissez refroidir.
- Faites fondre le chocolat avec un peu d'eau au bain-marie, en remuant bien. Badigeonnez les florentins de chocolat fondu sur une face.
- Laissez prendre et refroidir avant de servir. Conservez dans une boîte en fer.

Carrés façon florentins

Faites cuire une pâte sablée pendant 10 min au four à 180 °C. Garnissez-la de la préparation, puis faites cuire. Découpez en carrés.

Florentins au praliné

Remplacez le chocolat par de la pralinoise.

Gâteau sarde

Battez 300 g de ricotta avec 300 g de sucre. Ajoutez 3 jaunes d'œufs, le zeste et le jus de 1 orange, puis 300 g de farine et 1 sachet de levure. Incorporez 3 blancs d'œufs en neige. Versez dans un moule et faites cuire au four à 180 °C pendant 40 min.

Gâteau de Capri

Battez au fouet 5 jaunes d'œufs avec 200 g de sucre. Ajoutez 200 g de beurre fondu, 200 g de chocolat noir, 200 g d'amandes mixées, 1 sachet de sucre vanillé et 1 c. à s. d'essence d'amande amère. Incorporez 5 blancs d'œufs en neige. Versez dans un moule et faites cuire au four préchauffé à 200 °C pendant 10 min, puis à 170 °C pendant 40 min.

FORTUNE COOKIES

Préparation : 20 min • **Repos** : 20 min • **Cuisson** : 10 min • **Pour 20 cookies**

30 g de beurre • 2 blancs d'œufs • 40 g de sucre glace
40 g de farine tamisée

- Faites fondre le beurre dans une petite casserole.
- Dans un saladier, battez les blancs d'œufs au fouet pour les faire mousser. Ajoutez le sucre glace en fouettant, puis incorporez le beurre fondu. Ajoutez enfin la farine et mélangez à l'aide d'une cuillère en bois, jusqu'à ce que la pâte ne colle plus à la cuillère. Laissez reposer à température ambiante pendant 20 min.
- Préchauffez le four à 180 °C.
- Divisez la pâte en 20 morceaux de taille égale et étalez-les en disques fins. Disposez-les sur une plaque à pâtisserie recouverte de papier sulfurisé.
- Faites cuire au four pendant 5 min environ. Sortez les gâteaux du four dès que les bords commencent à dorer.
- Décollez très délicatement les disques, placez au centre un petit papier avec un message et repliez le disque sur lui-même en le bombant, comme un chausson. Repliez légèrement les bords des biscuits.
- Laissez refroidir. Conservez dans une boîte en fer.

Fortune cookies roses
Ajoutez 15 gouttes de colorant alimentaire rouge à la préparation. Vous pouvez aussi utiliser du jus de betterave cuite.

Fortune cookies à la barbe à papa
Remplacez le sucre glace par 40 g de sucre à barbe à papa.

Fortune cookies à la noix de coco
Ajoutez quelques gouttes d'arôme de noix de coco à la pâte. Parsemez les cookies de noix de coco râpée dès la sortie du four.

Cocktail aux litchis
Mélangez au shaker 45 cl de jus de litchis au sirop, 30 cl d'eau, 2 cl de sirop de grenadine et 4 cl de liqueur de litchi. Réservez au frais pendant 1 h, puis versez dans des verres à cocktail. Ajoutez 1 litchi au fond de chaque verre. Servez avec les cookies.

You'll be called to a post
in handling groups of

GALETTES AU MIEL

Préparation : 15 min • **Cuisson :** 10 min • **Pour 40 galettes**

320 g de farine + supplément pour le plan de travail
100 g de beurre ramolli • 100 g de miel liquide
50 g de sucre roux en poudre • 1 œuf • 1 sachet de levure chimique
les graines de 1 gousse de vanille • 1 ou 2 c. à s. de lait

- Préchauffez le four à 180 °C.

- Mettez tous les ingrédients dans un saladier et mélangez à l'aide d'une spatule en bois. Pétrissez ensuite à la main et formez une boule de pâte.

- Abaissez la pâte à 5 mm d'épaisseur sur le plan de travail fariné. Découpez-y des disques à l'aide d'un emporte-pièce. Déposez-les sur une plaque à pâtisserie recouverte de papier sulfurisé. Passez les dents d'une fourchette à la surface pour créer de légers motifs.

- Faites cuire au four pendant 10 min. Laissez refroidir sur une grille. Conservez dans une boîte en fer.

Galettes au miel et à la cardamome

Remplacez les graines de vanille par 2 capsules de cardamome écrasées.

Galettes au miel et au rhum

Ajoutez 1 à 2 c. à s. de rhum ambré à la préparation.

Cocktail pomme-framboise au miel

Versez 12 cl de jus de pomme, 12 cl de jus de fruits rouges, 1 trait de jus de citron vert et 1/2 c. à c. de miel dans un shaker. Frappez, puis versez dans un verre rafraîchi. Servez avec les galettes.

Cocktail à la pêche et au miel

Mixez la chair de 1 pêche avec 1/4 de banane. Mélangez avec 16 cl de jus d'orange, 8 cl de jus d'abricot, 1 trait de jus de citron vert, 1 c. à c. de miel et 1 trait de grenadine. Versez dans un verre rafraîchi. Servez avec les galettes.

Galettes aromatisées
Ajoutez 1 c. à s. de rhum, 1 c. à s. d'eau de fleur d'oranger ou 1/2 c. à c. de cannelle en poudre à la préparation.

Glace aux fraises de Plougastel
Mixez 250 g de fraises de Plougastel. Mélangez-les avec 100 g de sucre en poudre et 25 cl de chantilly. Faites turbiner en sorbetière. Servez avec les galettes.

Riz au lait breton
Portez à ébullition 75 cl de lait avec 20 cl de crème liquide, 100 g de sucre et 1 gousse de vanille fendue, puis versez-y 150 g de riz rond. Faites cuire pendant 40 min à feu doux en remuant. Laissez refroidir, puis nappez de caramel au beurre salé. Servez avec les galettes.

Riz au lait au chocolat
Reprenez la recette ci-dessus en remplaçant le caramel par 200 g de chocolat noir fondu. Servez avec les galettes.

GALETTES BRETONNES

Préparation : 20 min • **Repos :** 30 min • **Cuisson :** 15 min
Pour 20 à 30 galettes

pour les biscuits : *250 g de farine + supplément pour le plan de travail*
1/2 sachet de levure chimique • 150 g de sucre en poudre
125 g de beurre demi-sel • 1 œuf + 1 jaune
pour la dorure : *1 jaune d'œuf*

- Tamisez la farine et la levure, puis versez-les dans un saladier. Ajoutez le sucre et mélangez bien. Coupez le beurre en petits morceaux et incorporez-le à la farine du bout des doigts. Ajoutez ensuite l'œuf et le jaune d'œuf.

- Formez une boule de pâte, puis enveloppez-la dans du film alimentaire et laissez reposer pendant 30 min au réfrigérateur.

- Préchauffez le four à 180 °C.

- Sur le plan de travail légèrement fariné, abaissez la pâte à 5 mm d'épaisseur à l'aide d'un rouleau à pâtisserie. Découpez des galettes avec un emporte-pièce de 7 cm de diamètre. Posez-les sur une plaque à pâtisserie recouverte de papier sulfurisé.

- Pour la dorure, battez le jaune d'œuf avec 1 c. à s. d'eau. Badigeonnez-en les galettes, puis dessinez des croisillons à l'aide d'une fourchette.

- Faites cuire au four pendant 15 min. Laissez refroidir avant de déguster. Conservez dans une boîte en fer.

GÂTEAUX SECS À L'ORANGE

Préparation : 15 min • **Repos :** 2 h • **Cuisson :** 10 min • **Pour 20 gâteaux**

125 g de beurre • 125 g de sucre • 1 œuf • le zeste et le jus de 1 orange
200 g de farine • 1 c. à c. de levure

- Mettez le beurre et le sucre dans un saladier, et battez au fouet. Incorporez l'œuf, le zeste et le jus d'orange et mélangez, puis ajoutez la farine et la levure tamisées. Pétrissez jusqu'à l'obtention d'une pâte homogène.

- Formez une boule avec la pâte. Enveloppez-la dans du film alimentaire et laissez-la reposer pendant 2 h au réfrigérateur.

- Préchauffez le four à 180 °C.

- Abaissez la pâte au rouleau à pâtisserie à une épaisseur de 5 mm. Découpez-y grossièrement des rectangles et déposez-les sur une plaque à pâtisserie recouverte de papier sulfurisé.

- Faites cuire au four pendant 10 min environ. Laissez refroidir sur une grille. Conservez dans une boîte en fer.

Gâteaux secs à l'orange confite

Ajoutez 3 écorces d'orange confites coupées en tout petits dés à la préparation.

Sorbet à l'orange

Mélangez le jus de 5 oranges filtré avec un sirop de sucre réalisé avec 3 c. à s. de sucre en poudre et 3 c. à s. d'eau. Ajoutez le zeste de 1 orange. Faites turbiner en sorbetière et servez avec les gâteaux secs.

Cocktail aux agrumes

Dans un verre, mettez des glaçons, 12 cl de jus d'orange, 12 cl de jus de pamplemousse et 8 cl de jus de citron. Remuez, puis ajoutez 8 cl de sirop de fraise. Servez avec les gâteaux secs.

Gâteaux secs aux figues

Mélangez 120 g de beurre avec 100 g de sucre roux. Ajoutez 1 œuf, 100 g de flocons d'avoine, 250 g de figues séchées coupées en dés et 5 cl de lait. Ajoutez 140 g de farine tamisée avec 1/2 sachet de levure. Formez des tas sur une plaque et faites cuire au four à 180 °C pendant 15 min.

Langues-de-chat aux noisettes et au sésame
Remplacez la moitié de la farine par 30 g de poudre de noisettes. Ajoutez 1 à 2 c. à s. de graines de sésame blond à la pâte.

Langues-de-chat au citron et au pavot
Ajoutez le zeste de 1 petit citron et 1 à 2 c. à s. de graines de pavot à la pâte.

Minimillefeuilles express
Nappez 1 langue-de-chat de 1/2 c. à c. de crème pâtissière. Déposez 1 langue-de-chat nappée de crème pâtissière par-dessus et terminez par 1 autre langue-de-chat. Renouvelez l'opération pour les autres millefeuilles.

Minimillefeuilles express aux marrons
Reprenez la recette ci-dessus en remplaçant la crème pâtissière par de la crème de marrons.

LANGUES-DE-CHAT

Préparation : 10 min • **Cuisson** : 8 min • **Pour 25 langues-de-chat**

60 g de beurre • 60 g de sucre en poudre • 60 g de farine
2 gouttes d'extrait de vanille liquide • 2 blancs d'œufs

- Préchauffez le four à 180 °C.
- Dans un saladier, travaillez le beurre en pommade. Ajoutez le sucre, la farine et l'extrait de vanille. Mélangez bien.
- Battez rapidement les blancs d'œufs en neige, puis incorporez-les à la préparation.
- À l'aide d'une poche à douille, déposez des bâtonnets de pâte sur une plaque à pâtisserie recouverte de papier sulfurisé.
- Faites cuire au four de 7 à 8 min. Décollez les langues-de-chat dès la sortie du four et laissez-les refroidir. Conservez-les dans une boîte en fer.

LEBKUCHEN

Préparation : 20 min • **Repos :** 12 h • **Cuisson :** 20 min • **Pour 30 biscuits**

pour les biscuits : *250 g de miel • 100 g de beurre • 2 œufs*
100 g de sucre en poudre • 1 sachet de sucre vanillé
1 c. à s. de cannelle en poudre • 1 c. à c. de clous de girofle en poudre
1 c. à c. de noix muscade en poudre • 1 c. à c. de gingembre en poudre
le jus et le zeste de 1 citron • 1 à 2 c. à s. de Grand Marnier
1 c. à s. de cacao en poudre • 500 g de farine
1 sachet de levure chimique
pour le glaçage : *2 c. à s. de Grand Marnier • 150 g de sucre glace*

- Faites chauffer légèrement le miel pour le ramollir. Faites fondre le beurre, puis laissez-le refroidir.
- Battez les œufs avec le sucre et le sucre vanillé. Ajoutez le miel, le beurre, les épices, le jus et le zeste de citron, le Grand Marnier et le cacao. Incorporez enfin la farine et la levure. Mélangez bien. Laissez reposer la pâte pendant toute une nuit.
- Préchauffez le four à 180 °C.
- Abaissez la pâte à 5 mm d'épaisseur. Coupez-y des disques à l'aide d'un emporte-pièce, puis déposez-les sur une plaque à pâtisserie recouverte de papier sulfurisé.
- Faites cuire au four de 12 à 15 min. Les lebkuchen doivent rester moelleux. Laissez refroidir complètement.
- Pour le glaçage, mélangez le Grand Marnier et le sucre glace. Badigeonnez-en les lebkuchen.
- Laissez prendre et durcir. Conservez dans une boîte en fer.

Glaçage au chocolat
Faites fondre 150 g de chocolat noir à pâtisserie au bain-marie. Mélangez-le avec 75 g de beurre ramolli. Utilisez ce glaçage à la place du glaçage au Grand-Marnier.

Lebkuchen au schnaps
Remplacez le Grand Marnier par du schnaps. Vous pouvez également utiliser du rhum blanc ou de la liqueur de poire.

Lebkuchen aux amandes
Ajoutez 125 g d'amandes effilées à la préparation, pour apporter un peu plus de croquant aux biscuits.

Lebkuchen à l'anis
Remplacez les épices par 2 c. à s. de graines d'anis.

Macarons au citron
Remplacez la ganache à la vanille par du lemon curd.

Macarons au caramel
Faites fondre 200 g de sucre en poudre jusqu'à l'obtention d'un caramel. Ajoutez 10 cl de crème fraîche bouillante et remuez. Laissez refroidir, puis ajoutez 150 g de beurre en pommade. Garnissez les macarons de ce mélange.

Macarons aux framboises
Ajoutez quelques gouttes de colorant alimentaire rouge à la pâte. Faites chauffer 250 g de framboises avec 100 g de sucre en poudre, à feu moyen, pendant 20 min. Passez au chinois, puis garnissez les macarons de ce mélange.

Macarons au café
Ajoutez 1 c. à c. d'extrait de café à la pâte. Mélangez 250 g de pâte d'amandes avec 80 g de beurre et 1 c. à c. d'extrait de café. Garnissez les macarons de ce mélange.

MACARONS À LA VANILLE

Préparation : 25 min • **Repos :** 4 h • **Cuisson :** 20 min • **Pour 15 biscuits**

pour les macarons : *160 g de sucre glace • 80 g de poudre d'amandes*
2 blancs d'œufs • 1 c. à c. d'extrait de vanille
20 g de sucre en poudre • sel
pour la ganache à la vanille : *les graines de 1 gousse de vanille*
100 g de crème liquide entière • 110 g de chocolat blanc

- Pour la ganache, mettez les graines de vanille dans une casserole avec la crème liquide. Portez à ébullition, puis retirez du feu. Couvrez et laissez infuser pendant 30 min.

- Faites fondre le chocolat blanc au bain-marie, puis incorporez-le progressivement à la crème. Laissez refroidir, couvrez de film alimentaire et réservez au réfrigérateur pendant 3 h.

- Pour les macarons, mixez le sucre glace et la poudre d'amandes. Battez les blancs d'œufs en neige ferme avec 1 pincée de sel et l'extrait de vanille. Ajoutez le sucre en poudre et continuez de battre jusqu'à ce que la meringue soit brillante. À l'aide d'une maryse, incorporez délicatement le mélange sucre-amande à la meringue. Macaronnez les blancs : à l'aide d'une corne, soulevez délicatement la préparation de bas en haut pour faire légèrement tomber les blancs.

- À l'aide d'une poche à douille, formez 30 petits macarons sur une plaque à pâtisserie recouverte de papier sulfurisé, en les espaçant bien. Laissez reposer pendant 1 h à température ambiante.

- Préchauffez le four à 180 °C. Faites cuire de 12 à 15 min.

- Laissez refroidir pendant 5 min, puis accolez les macarons deux par deux en mettant 1 c. à c. de ganache à la vanille entre eux.

MACARONS AUX AMANDES

Préparation : 15 min • **Cuisson :** 35 min • **Pour 20 macarons**

150 g de poudre d'amandes • 270 g de sucre en poudre
3 blancs d'œufs

- Préchauffez le four à 140 °C.
- Dans un saladier, mélangez la poudre d'amandes avec 200 g de sucre en poudre.
- Montez les blancs d'œufs en neige et incorporez-les au mélange précédent.
- Préparez un sirop en faisant chauffer le reste de sucre avec un peu d'eau dans une casserole. Mélangez le sirop à la pâte.
- À l'aide d'une poche à douille, déposez de petites boules de pâte bien espacées sur une plaque à pâtisserie recouverte de papier sulfurisé. Faites cuire au four de 30 à 35 min.
- Laissez refroidir sur une grille. Conservez dans une boîte en fer.

Macarons de Sienne

Mélangez 130 g de sucre avec 200 g de poudre d'amandes et le zeste de 1 orange. Incorporez 2 blancs d'œufs en neige. Étalez la pâte et taillez-y des losanges. Posez-les sur une plaque, parsemez de sucre glace et faites cuire au four à 140 °C pendant 15 min.

Bacis di dama

Mélangez 100 g de sucre, 100 g de farine, 100 g de poudre d'amandes et 100 g de beurre. Formez des boulettes sur une plaque. Faites cuire au four à 180 °C pendant 15 min. Laissez refroidir. Accolez les biscuits deux par deux en mettant 1 noix de ganache au chocolat entre eux.

Cocktail hivernal

Remplissez un shaker à moitié de glaçons. Ajoutez 6 cl de sirop d'orgeat, 12 cl de jus d'orange, 12 cl de jus d'ananas et 1 trait d'extrait de vanille liquide. Frappez, puis servez avec les macarons.

Cocktail victoria

Mixez la chair de 1 ananas victoria, puis ajoutez le jus de 3 oranges sanguines, 5 cl d'eau et des glaçons. Servez avec les macarons.

Macarons à la noix de coco
Supprimez le colorant de la pâte. Faites bouillir 6 cl de crème liquide. Ajoutez 10 g de beurre et 100 g de chocolat blanc à la noix de coco. Fouettez puis laissez refroidir. Garnissez les macarons de ce mélange.

Macarons aux Carambars®
Faites bouillir 10 cl de crème liquide et ajoutez-y 15 Carambars®. Faites fondre en remuant. Laissez refroidir, puis garnissez les macarons de ce mélange.

Macarons à la réglisse
Faites bouillir 10 cl de crème liquide avec 2 c. à s. de poudre de réglisse. Ajoutez 100 g de chocolat blanc et mélangez. Laissez refroidir, puis garnissez les macarons du mélange. Utilisez du colorant noir pour la pâte.

Macarons à la lavande
Faites bouillir 20 cl de crème liquide avec 30 g de miel de lavande et 5 cl de sirop de lavande. Ajoutez 100 g de chocolat blanc. Mélangez. Laissez refroidir, puis garnissez les macarons du mélange. Utilisez du colorant violet pour la pâte.

MACARONS AUX MARRONS GLACÉS

Préparation : 40 min • **Repos** : 2 h • **Cuisson** : 15 min • **Pour 15 macarons**

160 g de sucre glace • 80 g de poudre d'amandes • 2 blancs d'œufs
1 c. à c. de jus de citron • 20 g de sucre en poudre
2 gouttes de colorant alimentaire rouge • marrons glacés
crème de marrons • sel

- Mixez finement le sucre glace et la poudre d'amandes.
- Battez les blancs d'œufs en neige ferme avec 1 pincée de sel et le jus de citron. Ajoutez le sucre en poudre et continuez de battre jusqu'à ce que la meringue soit brillante.
- À l'aide d'une maryse, incorporez délicatement le mélange sucre-amande à la meringue. Ajoutez le colorant et macaronnez les blancs : avec une corne, soulevez délicatement la préparation de bas en haut pour faire légèrement tomber les blancs.
- À l'aide d'une poche à douille, formez 30 petits macarons sur une plaque à pâtisserie recouverte de papier sulfurisé, en les espaçant bien. Laissez reposer pendant 1 h à température ambiante.
- Parsemez la moitié des macarons d'éclats de marrons glacés. Laissez reposer pendant 1 h à température ambiante.
- Préchauffez le four à 160 °C. Faites cuire de 12 à 15 min.
- Laissez refroidir pendant 5 min, puis accolez les macarons deux par deux en mettant 1 c. à c. de crème de marrons entre eux.

Montecaos à la noix de coco
Remplacez la farine par 125 g de noix de coco râpée et 125 g de semoule fine. Ajoutez le zeste de 1/2 citron.

Montecaos à l'orange et à la cannelle
Remplacez le sucre vanillé par le zeste de 1 orange et 1 c. à c. de cannelle en poudre.

Montecaos à l'huile d'olive
Remplacez l'huile de tournesol par de l'huile d'olive.

Hojaldrinas
Mélangez 400 g de farine, 200 g de margarine, 10 cl de vin blanc et le zeste de 1 orange. Pétrissez, recouvrez la pâte de film alimentaire et réservez au frais pendant 1 h. Abaissez la pâte à 1,5 cm d'épaisseur. Découpez des disques, mettez-les sur une plaque et réservez au frais pendant 1 h. Faites cuire au four à 170 °C de 30 à 35 min. Saupoudrez de sucre glace.

MONTECAOS

Préparation : 25 min • **Repos** : 24 h • **Cuisson** : 20 min • **Pour 25 montecaos**

250 g de farine • 125 g de sucre en poudre • 125 g de poudre d'amandes
1 sachet de levure chimique • 1 sachet de sucre vanillé
12,5 cl d'huile de tournesol • 2 c. à s. de sucre glace

- Préchauffez le four à 200 °C.
- Dans un grand saladier, mélangez la farine, le sucre, la poudre d'amandes, la levure et le sucre vanillé. Faites un puits au centre et incorporez l'huile petit à petit. Mélangez, puis formez une boule : la pâte doit rester assez friable.
- Prélevez une petite quantité de pâte et pressez-la bien dans la main de façon qu'elle soit très compacte, puis aplatissez-la entre les paumes des mains. Posez-la sur une plaque à pâtisserie recouverte de papier sulfurisé. Renouvelez l'opération jusqu'à épuisement de la pâte.
- Faites cuire au four de 15 à 20 min. Les montecaos sont cuits dès qu'ils se craquellent.
- Laissez-les refroidir et durcir. Déposez-les dans un plat recouvert de papier absorbant, parsemez-les de sucre glace et laissez-les sécher pendant 24 h avant de déguster. Conservez dans une boîte en fer.

Palets à l'anis
Remplacez les graines de lin par des graines d'anis, et le miel par 60 g de mélasse.

Palets au miel sans gluten
Remplacez la farine de blé par de la farine de maïs.

Palets aux graines de fenouil et aux pignons
Remplacez les graines de lin par des graines de fenouil. Ajoutez 25 g de pignons de pin grillés à sec.

Palets au sirop d'érable
Remplacez le miel par du sirop d'érable.

PALETS AU MIEL

Préparation : 10 min • **Repos :** 1 h • **Cuisson :** 15 min • **Pour 15 palets**

55 g de beurre • 60 g de miel • 30 g de sucre en poudre
1 c. à s. de graines de lin • 50 g de farine

- Faites fondre le beurre et le miel dans une petite casserole.
- Hors du feu, ajoutez le sucre, les graines de lin, puis la farine. Remuez, puis versez la préparation dans une jatte, recouvrez-la de film alimentaire et laissez reposer au réfrigérateur pendant 1 h.
- Préchauffez le four à 150 °C.
- À l'aide d'une poche à douille, déposez des noix de pâte sur une plaque à pâtisserie recouverte de papier sulfurisé.
- Faites cuire au four de 12 à 15 min. Sortez les palets du four dès qu'ils commencent à se colorer sur les bords.
- Laissez refroidir avant de déguster. Conservez dans une boîte en fer.

ɔire
ɔnka
oires pelées
endant
ɔrée.
feuilletée
emez
ée avant

ɔralinoise
g de pralinoise,
la pâte
ouler.

amandes
ucre en poudre
ajoutez
d'amandes.
ans une
doux, jusqu'à
adigeonnez
de ce mélange

noisettes
e ci-dessus
oudre d'amandes
de noisettes.
ment,
o en poudre

PALMIERS À LA CANNELLE

Préparation : 10 min • **Repos** : 1 h • **Cuisson** : 15 min • **Pour 25 palmiers**

1 rouleau de pâte feuilletée • 20 g de beurre
30 g de sucre en poudre • 1/2 c. à c. de cannelle

- Déroulez la pâte feuilletée et découpez-y un rectangle d'environ 20 × 25 cm.
- Faites fondre le beurre dans une petite casserole. Hors du feu, ajoutez le sucre et la cannelle. Badigeonnez la pâte de ce mélange.
- Roulez la pâte sur elle-même jusqu'à la moitié, puis roulez l'autre côté jusqu'à la moitié également, de façon à former un long boudin enroulé en palmier. Enveloppez le boudin dans du film alimentaire et mettez-le au congélateur pour 1 h.
- Préchauffez le four à 200 °C.
- Découpez le rouleau de pâte en fines tranches et déposez-les sur une plaque à pâtisserie recouverte de papier sulfurisé.
- Faites cuire au four de 10 à 15 min, jusqu'à ce que les palmiers soient joliment dorés.
- Dégustez tiède ou froid.

Palets au caramel
Sortez les biscuits du four après 10 min de cuisson. Enfoncez légèrement le cœur des biscuits et garnissez-le de caramel au beurre salé avant de poursuivre la cuisson.

Palets à la confiture
Reprenez la recette ci-dessus en remplaçant le caramel par de la confiture d'abricots, de fraises ou de mûres.

Palets à la crème de marrons
Reprenez la recette ci-dessus en remplaçant le caramel par de la crème de marrons.

Palets à la polenta
Travaillez 80 g de beurre en pommade avec 25 g de cassonade et 45 g de miel. Ajoutez 1 œuf, 100 g de polenta précuite, 150 g de farine et 15 g de poudre d'amandes. Formez 1 boudin et mettez-le au frais pour 1 h. Découpez le boudin en rondelles, mettez-les sur une plaque et faites cuire au four préchauffé à 200 °C pendant 8 min.

PALETS BRETONS

Préparation : 10 min • **Cuisson :** 25 min • **Pour 6 biscuits**

125 g de farine • 1 c. à c. de levure chimique • 3 jaunes d'œufs
70 g de sucre en poudre • 80 g de beurre demi-sel ramolli

- Préchauffez le four à 180 °C.
- Dans un saladier, mélangez la farine, la levure et les jaunes d'œufs. Ajoutez le sucre et le beurre coupé en petits morceaux. Émiettez la préparation du bout des doigts jusqu'à l'obtention d'un mélange homogène.
- À l'aide d'un emporte-pièce de 7 cm de diamètre, formez 6 petits cercles de pâte. La pâte étant assez collante, posez l'emporte-pièce sur une plaque à pâtisserie recouverte de papier sulfurisé, déposez de la pâte, appuyez du bout des doigts pour former le biscuit et retirez l'emporte-pièce.
- Faites cuire au four pendant 25 min. Les palets doivent être dorés.
- Laissez refroidir sur une grille. Conservez dans une boîte en fer.

Palmiers à la
et à la fève
Faites compoter 2
et coupées en dés
15 min. Écrasez en
Badigeonnez la pâte
de ce mélange. Par
de 1 fève tonka râ
de rouler.

Palmiers à la
Faites fondre 10
puis badigeonnez-e
feuilletée avant de

Palmiers aux
Battez 150 g de
avec 2 œufs pui
150 g de poudre
Faites chauffer
casserole, sur fe
épaississement.
la pâte feuilletée
avant de rouler.

Palmiers aux
Reprenez la rece
en remplaçant la
par de la poudre
Ajoutez, éventue
2 c. à c. de ca
au mélange.

PALETS BRETONS

Préparation : 10 min • **Cuisson** : 25 min • **Pour 6 biscuits**

125 g de farine • 1 c. à c. de levure chimique • 3 jaunes d'œufs
70 g de sucre en poudre • 80 g de beurre demi-sel ramolli

- Préchauffez le four à 180 °C.
- Dans un saladier, mélangez la farine, la levure et les jaunes d'œufs. Ajoutez le sucre et le beurre coupé en petits morceaux. Émiettez la préparation du bout des doigts jusqu'à l'obtention d'un mélange homogène.
- À l'aide d'un emporte-pièce de 7 cm de diamètre, formez 6 petits cercles de pâte. La pâte étant assez collante, posez l'emporte-pièce sur une plaque à pâtisserie recouverte de papier sulfurisé, déposez de la pâte, appuyez du bout des doigts pour former le biscuit et retirez l'emporte-pièce.
- Faites cuire au four pendant 25 min. Les palets doivent être dorés.
- Laissez refroidir sur une grille. Conservez dans une boîte en fer.

Palets au caramel

Sortez les biscuits du four après 10 min de cuisson. Enfoncez légèrement le cœur des biscuits et garnissez-le de caramel au beurre salé avant de poursuivre la cuisson.

Palets à la confiture

Reprenez la recette ci-dessus en remplaçant le caramel par de la confiture d'abricots, de fraises ou de mûres.

Palets à la crème de marrons

Reprenez la recette ci-dessus en remplaçant le caramel par de la crème de marrons.

Palets à la polenta

Travaillez 80 g de beurre en pommade avec 25 g de cassonade et 45 g de miel. Ajoutez 1 œuf, 100 g de polenta précuite, 150 g de farine et 15 g de poudre d'amandes. Formez 1 boudin et mettez-le au frais pour 1 h. Découpez le boudin en rondelles, mettez-les sur une plaque et faites cuire au four préchauffé à 200 °C pendant 8 min.

Palmiers à la poire et à la fève tonka

Faites compoter 2 poires pelées et coupées en dés pendant 15 min. Écrasez en purée. Badigeonnez la pâte feuilletée de ce mélange. Parsemez de 1 fève tonka râpée avant de rouler.

Palmiers à la pralinoise

Faites fondre 100 g de pralinoise, puis badigeonnez-en la pâte feuilletée avant de rouler.

Palmiers aux amandes

Battez 150 g de sucre en poudre avec 2 œufs puis ajoutez 150 g de poudre d'amandes. Faites chauffer dans une casserole, sur feu doux, jusqu'à épaississement. Badigeonnez la pâte feuilletée de ce mélange avant de rouler.

Palmiers aux noisettes

Reprenez la recette ci-dessus en remplaçant la poudre d'amandes par de la poudre de noisettes. Ajoutez, éventuellement, 2 c. à c. de cacao en poudre au mélange.

PALMIERS À LA CANNELLE

Préparation : 10 min • **Repos :** 1 h • **Cuisson :** 15 min • **Pour 25 palmiers**

1 rouleau de pâte feuilletée • 20 g de beurre
30 g de sucre en poudre • 1/2 c. à c. de cannelle

- Déroulez la pâte feuilletée et découpez-y un rectangle d'environ 20 × 25 cm.
- Faites fondre le beurre dans une petite casserole. Hors du feu, ajoutez le sucre et la cannelle. Badigeonnez la pâte de ce mélange.
- Roulez la pâte sur elle-même jusqu'à la moitié, puis roulez l'autre côté jusqu'à la moitié également, de façon à former un long boudin enroulé en palmier. Enveloppez le boudin dans du film alimentaire et mettez-le au congélateur pour 1 h.
- Préchauffez le four à 200 °C.
- Découpez le rouleau de pâte en fines tranches et déposez-les sur une plaque à pâtisserie recouverte de papier sulfurisé.
- Faites cuire au four de 10 à 15 min, jusqu'à ce que les palmiers soient joliment dorés.
- Dégustez tiède ou froid.

Petits-beurre au cacao
Ajoutez 3 c. à s. de cacao à la préparation.

Millefeuille aux marrons
Superposez 3 petits-beurre en déposant 1 c. à s. de crème de marrons entre eux.

Terrine aux petits-beurre
Faites fondre 140 g de chocolat noir avec 275 g de beurre. Ajoutez 2 œufs battus, 130 g de sucre, ainsi que 100 g de petits-beurre et 40 g de meringues cassés en morceaux. Versez dans une terrine tapissée de film alimentaire et réservez au frais pendant 12 h.

Chocolat glacé
Portez à ébullition 15 cl de lait avec 5 cl de crème liquide. Ajoutez 70 g de chocolat au lait râpé et laissez épaissir pendant 5 min, en remuant. Faites mousser au fouet, puis réservez au frais. Servez avec les biscuits.

PETITS-BEURRE

Préparation : 20 min • **Repos :** 1 h • **Cuisson :** 12 min
Pour 30 petits-beurre

120 g de beurre • 230 g de farine + supplément pour le plan de travail
120 g de sucre glace • 60 g de poudre d'amandes
1 œuf • 1 jaune d'œuf

- Coupez le beurre en dés. Mettez-le dans le bol d'un mixeur avec la farine, le sucre glace et la poudre d'amandes. Mixez jusqu'à ce que le mélange soit sableux.

- Ajoutez l'œuf et, si la pâte est trop sèche, 1 c. à s. d'eau. Mixez jusqu'à ce que la pâte forme une boule. Enveloppez-la dans du film alimentaire et réservez-la au réfrigérateur pendant 1 h.

- Préchauffez le four à 180 °C.

- Abaissez la pâte à 5 mm d'épaisseur sur le plan de travail fariné et découpez-y les petits-beurre à l'aide d'un emporte-pièce. Déposez-les sur une plaque à pâtisserie recouverte de papier sulfurisé. Piquez-les avec les dents d'une fourchette.

- Battez le jaune d'œuf avec un peu d'eau et badigeonnez-en les biscuits.

- Faites cuire au four de 10 à 12 min, jusqu'à ce que les biscuits commencent à peine à dorer. Laissez refroidir sur une grille avant de déguster. Conservez dans une boîte en fer.

Glaçage à la rose
Mélangez 20 g de beurre fondu avec 125 g de sucre glace. Ajoutez 1 c. à c. de jus de citron, 2 c. à c. d'eau de rose et quelques gouttes de colorant alimentaire rose. Glacez les rousquilles avec ce mélange.

Glaçage à la fraise
Reprenez la recette ci-dessus en remplaçant l'eau de rose par du sirop de fraise.

Milkshake coco-fraise
Répartissez 600 g de fraises équeutées et coupées en dés dans 4 verres. Arrosez de jus de citron. Mixez 25 cl de glace à la noix de coco avec 25 cl de lait très froid. Versez dans les verres. Servez avec les rousquilles.

Frozen caffe latte
Mixez 2 boules de glace au café avec 10 cl de lait frais. Versez dans un grand verre et nappez délicatement de 1 c. à s. de crème liquide. Servez avec les rousquilles.

ROUSQUILLES

Préparation : 30 min • **Repos** : 2 h • **Cuisson** : 1 h 15 • **Pour 8 biscuits**

__pour les rousquilles :__ 45 g de beurre • 150 g de farine + supplément pour le plan de travail • 1/2 c. à c. de levure chimique 45 g de sucre glace • 1 jaune d'œuf • 15 g de miel 1 c. à s. de lait • 1 c. à s. d'eau de fleur d'oranger

__pour le glaçage :__ 70 g de sucre glace • 1 blanc d'œuf

- Coupez le beurre en parcelles et mettez-le dans un saladier avec la farine, la levure et le sucre. Émiettez le mélange du bout des doigts. Incorporez le jaune d'œuf, le miel, le lait et l'eau de fleur d'oranger. Travaillez bien la pâte et formez une boule. Ajoutez un peu de lait si la pâte est trop sèche. Enveloppez la pâte dans du film alimentaire et laissez-la reposer au réfrigérateur pendant 1 h.

- Préchauffez le four à 180 °C. Abaissez la pâte sur le plan de travail fariné à 8 mm d'épaisseur. Découpez-y des disques de 8 cm de diamètre à l'aide d'un emporte-pièce. Retirez le centre de chaque disque à l'aide d'un emporte-pièce de 3 cm de diamètre. Posez les biscuits sur une plaque à pâtisserie recouverte de papier sulfurisé. Faites cuire au four pendant 15 min.

- Pendant ce temps, préparez le glaçage : dans une casserole, portez 2 c. à s. d'eau à ébullition avec le sucre glace pour former un sirop. Battez le blanc d'œuf en neige pas trop ferme, puis incorporez-y le sirop en fouettant. Continuez à fouetter pendant quelques secondes.

- À l'aide d'un pinceau, recouvrez les rousquilles de glaçage, puis remettez-les sur la plaque à pâtisserie. Baissez le thermostat du four à 50 °C et faites sécher les biscuits pendant 1 h. Laissez refroidir avant de déguster.

SABLÉS À LA CHICORÉE

Préparation : 15 min • **Cuisson :** 15 min • **Pour 50 sablés**

125 g de beurre ramolli • 125 g de cassonade • 1 œuf
2 c. à s. de chicorée • 280 g de farine
+ supplément pour le plan de travail • sel

- Mettez le beurre et la cassonade dans un saladier, puis battez jusqu'à ce que le mélange soit clair et mousseux. Ajoutez l'œuf, puis la chicorée et, enfin, 1 pincée de sel. Incorporez la farine et mélangez bien le tout.

- Préchauffez le four à 150 °C.

- Formez une boule avec la pâte et abaissez-la au rouleau sur le plan de travail fariné. Découpez-y des disques à l'aide d'un emporte-pièce crénelé. Disposez-les sur une plaque à pâtisserie recouverte de papier sulfurisé.

- Faites cuire au four pendant 15 min environ, jusqu'à ce les sablés soient dorés.

- Laissez refroidir avant de déguster. Conservez dans une boîte en fer.

Sablés à la cannelle
À défaut de chicorée, vous pouvez utiliser de la cannelle en poudre.

Sablés au sésame noir
Remplacez la chicorée par 50 g de graines de sésame noir. Divisez par deux les quantités de sucre et de beurre et ajoutez 50 g de pâte de sésame noir.

Sablés aux graines de tournesol
Remplacez la chicorée par 1 c. à c. d'extrait de vanille liquide et ajoutez 50 g de graines de tournesol à la pâte.

Sablés aux noix
Mélangez 70 g de cassonade avec 80 g de purée d'amandes. Ajoutez 1 œuf, 150 g de farine et 75 g de noix concassées. Pétrissez, puis formez une boule. Laissez durcir au frais pendant 30 min. Étalez la pâte, découpez-y des sablés et faites cuire au four préchauffé à 160 °C pendant 15 min.

SABLÉS AU CALVADOS

Préparation : 20 min • **Repos** : 1 h • **Cuisson** : 10 min • **Pour 20 sablés**

45 g de beurre • 70 g de farine + supplément pour le plan de travail
50 g de sucre en poudre • 1 trait de calvados • 1 jaune d'œuf

- Coupez le beurre en parcelles et mettez-le dans un saladier avec la farine et le sucre. Émiettez le mélange du bout des doigts jusqu'à l'obtention d'une consistance sableuse. Ajoutez le calvados.
- Formez une boule de pâte, enveloppez-la dans du film alimentaire et laissez reposer au réfrigérateur pendant 1 h.
- Préchauffez le four à 180 °C.
- Abaissez la pâte au rouleau sur le plan de travail fariné et découpez-y des triangles à l'aide d'un emporte-pièce. Déposez-les sur une plaque à pâtisserie recouverte de papier sulfurisé.
- Badigeonnez-les de jaune d'œuf dilué dans un peu d'eau.
- Faites cuire au four pendant 10 min. Laissez refroidir avant de déguster. Conservez dans une boîte en fer.

Sablés aux pommes
Ajoutez 40 g de pommes séchées coupées en dés à la pâte.

Sablés aux marrons
Mélangez 3 c. à s. de crème de marrons, 1 œuf, 30 g de farine de châtaigne, 50 g de farine complète et 1 c. à c. de levure. Formez des petits tas sur une plaque et faites cuire au four préchauffé à 220 °C de 10 à 15 min.

Cocktail Jack Rose
Remplissez un shaker à moitié de glaçons. Ajoutez le jus de 1/2 citron, 4 cl de calvados, et 3 traits de sirop de grenadine. Frappez, puis versez dans un verre. Servez avec les sablés.

Cocktail calvados sour
Remplissez un shaker à moitié de glaçons. Ajoutez 4 cl de calvados, 4 pincées de sucre et 3 traits de jus de citron, et frappez. Versez dans un verre et servez avec les sablés.

SABLÉS AU CITRON ET AUX GRAINES DE PAVOT

Préparation : 20 min • **Repos** : 1 h • **Cuisson** : 15 min • **Pour 30 biscuits**

60 g de beurre • 125 g de farine + supplément pour le plan de travail
60 g de sucre en poudre • 1 petit œuf • le zeste de 1 petit citron
1 c. à s. de graines de pavot

- Coupez le beurre en parcelles, puis mettez-le dans un saladier avec la farine et le sucre. Émiettez le mélange du bout des doigts jusqu'à l'obtention d'une consistance sableuse.
- Ajoutez l'œuf battu, le zeste de citron et les graines de pavot. Mélangez bien, puis formez une boule de pâte. Enveloppez-la dans du film alimentaire et laissez reposer au réfrigérateur pendant 1 h.
- Préchauffez le four à 180 °C.
- Abaissez la pâte au rouleau sur le plan de travail fariné et découpez-y des étoiles à l'aide d'un emporte-pièce. Déposez-les sur une plaque à pâtisserie recouverte de papier sulfurisé.
- Faites cuire au four de 10 à 15 min, jusqu'à ce que les sablés soient dorés.
- Laissez refroidir sur une grille. Conservez dans une boîte en fer.

Sablés au fenouil et à l'huile d'olive
Remplacez les graines de pavot par des graines de fenouil, et le beurre par 4 c. à s. d'huile d'olive.

Sablés aux graines de nigelle
Remplacez les graines de pavot par des graines de nigelle, et le beurre doux par du beurre demi-sel.

Sablés fondants au citron vert
Battez 150 g de beurre avec 40 g de sucre glace. Ajoutez le zeste et le jus de 2 citrons verts et 1 c. à s. d'extrait de vanille. Incorporez petit à petit 250 g de farine tamisée avec 2 c. à s. de Maïzena® et 1 pincée de sel. Formez 2 boudins de pâte et réservez au frais pendant 1 h. Découpez en rondelles, posez-les sur une plaque et faites cuire pendant 13 min au four à 180 °C.

Sablés fondants à l'orange
Reprenez la recette ci-dessus en remplaçant les citrons verts par 1 grosse orange.

Sablés au lait de soja
Remplacez la moitié du beurre par 4 c. à s. de lait de soja.

Sablés au tilleul
Réduisez en poudre 2 grosses poignées de feuilles de tilleul séchées. Utilisez-les à la place du thé vert.

Crème au citron
Battez 250 g de mascarpone au fouet avec 100 g de sucre glace et le jus de 2 citrons. Incorporez délicatement 1 blanc d'œuf battu. Servez avec les sablés.

Glace au thé vert
Battez au fouet 40 cl de crème liquide avec 3 jaunes d'œufs, 90 g de sucre en poudre. Ajoutez 3 c. à s. de thé matcha délayé dans 25 cl de lait chaud. Réunissez les deux préparations. Faites turbiner en sorbetière. Servez avec les sablés.

SABLÉS AU THÉ VERT

Préparation : 20 min • **Repos :** 1 h • **Cuisson :** 5 min • **Pour 40 sablés**

100 g de sucre en poudre • 1 c. à c. de thé vert matcha
100 g de beurre ramolli • 200 g de farine
1 c. à c. de levure chimique • 1 œuf

- Mélangez le sucre et le thé vert dans un saladier. Incorporez tous les autres ingrédients.
- Mélangez bien, puis formez une boule de pâte. Enveloppez-la dans du film alimentaire et laissez-la reposer au réfrigérateur pendant 1 h.
- Préchauffez le four à 180 °C.
- Abaissez la pâte au rouleau sur le plan de travail fariné et découpez-y des disques à l'aide d'un emporte-pièce crénelé. Déposez-les sur une plaque à pâtisserie recouverte de papier sulfurisé.
- Faites cuire au four pendant 10 min. Les sablés ne doivent pas dorer pour rester bien verts.
- Laissez refroidir sur une grille. Conservez dans une boîte en fer.

Sablés à l'épeautre
Remplacez la farine de blé par de la farine d'épeautre.

Sablés au sirop d'érable
Remplacez le caramel liquide par du sirop d'érable. Vous pouvez aussi utiliser du miel.

Mousse de bananes aux sablés
Mixez 2 bananes avec le jus de 1/2 citron et 2 c. à s. de sucre en poudre. Mélangez avec 25 cl de crème fleurette montée en chantilly. Répartissez dans des verrines et parsemez de sablés émiettés.

Mousse de pêches aux sablés
Reprenez la recette ci-dessus en remplaçant les bananes par 2 pêches. Vous pouvez aussi utiliser 4 abricots ou 2 poires.

SABLÉS AUX NOIX DE PÉCAN ET AU CARAMEL

Préparation : 15 min • **Repos** : 1 h • **Cuisson** : 15 min • **Pour 40 sablés**

75 g de beurre • 200 g de farine • 100 g de sucre en poudre • 1 œuf
1 pincée de bicarbonate de soude • 60 g de noix de pécan
3 c. à s. de caramel liquide

- Faites fondre le beurre dans une petite casserole. Mettez-le dans le bol d'un mixeur et ajoutez la farine, le sucre, l'œuf et le bicarbonate de soude. Mixez à vitesse lente pendant 5 min, puis ajoutez les noix de pécan et le caramel.
- Formez une boule avec la pâte. Enveloppez-la dans du film alimentaire et laissez-la reposer au réfrigérateur pendant 1 h.
- Préchauffez le four à 180 °C.
- Abaissez la pâte au rouleau sur le plan de travail fariné et découpez-y des disques à l'aide d'un emporte-pièce crénelé. Déposez-les sur une plaque à pâtisserie recouverte de papier sulfurisé.
- Faites cuire au four pendant 10 min. Les sablés ne doivent pas dorer.
- Laissez refroidir sur une grille. Conservez dans une boîte en fer.

SANDWICHES GLACÉS AU CHOCOLAT

Préparation : 15 min • **Cuisson** : 10 min • **Pour 10 sandwiches**

pour les cookies : *110 g de beurre ramolli • 110 g de cassonade 100 g de sucre en poudre • 1 sachet de sucre vanillé • 1 œuf 225 g de farine • 1/2 c. à c. de levure • 175 g de chocolat pâtissier • sel*
pour la garniture : *glace au chocolat*

- Préchauffez le four à 170 °C.
- Dans un récipient, battez énergiquement au fouet le beurre, la cassonade, le sucre et le sucre vanillé. Ajoutez l'œuf et 1 pincée de sel. Mélangez, puis incorporez progressivement la farine et la levure tamisées. Mélangez le tout pour obtenir une pâte bien ferme. Râpez le chocolat et incorporez-le à la pâte du bout des doigts.
- Formez de petites boules de pâte et déposez-les sur une plaque à pâtisserie recouverte de papier sulfurisé, en les espaçant bien. Aplatissez-les légèrement.
- Faites cuire au four de 8 à 10 min. Laissez refroidir complètement sur une grille.
- Dressez les sandwiches : accolez les cookies deux par deux en déposant 1 boule de glace au chocolat entre eux. Pressez légèrement. Servez sans attendre.

Sandwiches aux biscuits roses
Remplacez les cookies par des biscuits roses de Reims, et la glace au chocolat par du sorbet à la framboise.

Sandwiches glacés aux gaufres
Remplacez les cookies par de petites gaufres hollandaises ou liégeoises, et la glace au chocolat par de la glace à la fraise.

Sandwich glacé aux shortbreads
Remplacez les cookies par des shortbreads, et la glace au chocolat par de la glace au fromage blanc. À défaut, utilisez de la glace à la vanille.

Sandwich-club sucré
Coupez 4 tranches de pain de mie en deux, en diagonale, et écrasez-les au rouleau. Nappez 1 triangle de ganache à la pistache, couvrez de 1 triangle nappé de confiture de groseilles, puis de 1 triangle nappé de caramel au beurre salé. Posez le dernier triangle par-dessus.

Shortbreads au riz soufflé

Remplacez la noix de coco râpée par des grains de riz soufflés de type Krispies®.

Shortbreads au chocolat blanc

Remplacez le sirop d'érable par du chocolat blanc fondu.

Shortbreads à la pâte à tartiner

Remplacez le sirop d'érable par 3 c. à s. de pâte à tartiner de type Nutella®.

Shortbreads au chocolat et à la menthe

Remplacez le sirop d'érable par du chocolat noir fondu, et la noix de coco par 10 feuilles de menthe hachées.

SHORTBREADS À LA NOIX DE COCO ET AU SIROP D'ÉRABLE

Préparation : 10 min • **Cuisson :** 40 min • **Pour 10 à 12 shortbreads**

190 g de farine • 50 g de sucre glace • 125 g de beurre + supplément pour le plat • 90 g de noix de coco râpée 15 cl de sirop d'érable

- Préchauffez le four à 160 °C.
- Tamisez la farine et le sucre glace, puis mettez-les dans un saladier.
- Coupez le beurre en parcelles et ajoutez-le. Travaillez le mélange du bout des doigts jusqu'à ce qu'il forme des miettes. Continuez à travailler la préparation jusqu'à l'obtention d'une pâte homogène.
- Beurrez un plat carré et étalez-y la préparation. Faites cuire au four pendant 20 min, jusqu'à ce que la surface soit dorée.
- Mélangez la noix de coco râpée et le sirop d'érable dans une jatte. Étalez ce mélange en une couche uniforme sur la base de biscuit.
- Faites cuire au four de 15 à 20 min. Découpez en bâtonnets tant que le shortbread est encore chaud.
- Laissez refroidir sur une grille. Conservez dans une boîte en fer.

SHORTBREADS AU CITRON

Préparation : 15 min • **Repos** : 1 h • **Cuisson** : 12 min • **Pour 20 shortbreads**

300 g de farine • 100 g de sucre roux en poudre
le zeste et le jus de 1 ou 2 citrons • 200 g de beurre

- Mettez la farine, le sucre roux et le zeste de citron dans le bol d'un mixeur et mixez rapidement.
- Incorporez ensuite le beurre et amalgamez bien. Ajoutez juste assez de jus de citron pour former une pâte homogène.
- Formez un long boudin de pâte. Enveloppez-le dans du film alimentaire et réservez au réfrigérateur pendant 1 h.
- Préchauffez le four à 180 °C.
- Découpez le boudin en rondelles. Déposez-les sur une plaque à pâtisserie recouverte de papier sulfurisé.
- Faites cuire au four de 10 à 12 min.
- Laissez refroidir complètement avant de déguster. Conservez dans une boîte en fer.

Shortbreads aux toffees

Mettez 400 g de lait concentré sucré, 50 g de beurre, 50 g de sucre en poudre et 2 c. à s. de miel d'acacia dans une casserole, et faites chauffer à feu doux en remuant jusqu'à ce que le caramel se décolle des parois. Nappez-en sans attendre les sablés refroidis.

Shortbreads au caramel et au chocolat

Reprenez la recette ci-dessus et nappez les biscuits aux toffees refroidis de chocolat au lait fondu.

Sorbet au citron

Portez à ébullition 30 cl d'eau avec 200 g de sucre en poudre et le zeste de 2 citrons puis laissez frémir pendant 5 min. Hors du feu, ajoutez 30 cl de jus de citron. Laissez refroidir puis faites turbiner en sorbetière. Servez avec les shortbreads.

Sorbet au citron et à la vodka

Reprenez la recette ci-dessus en remplaçant 15 cl d'eau par 15 cl de vodka. Servez avec les shortbreads.

399

SPÉCULOOS

Préparation : 20 min • **Repos :** 12 h • **Cuisson :** 10 min
Pour 20 à 30 biscuits

250 g de farine + supplément pour le plan de travail
180 g de cassonade • 150 g de beurre mou • 1 œuf
50 g de poudre d'amandes • 1 c. à c. de cannelle
1 c. à c. de quatre-épices

- Dans un saladier, mélangez la farine, la cassonade et le beurre. Émiettez le mélange du bout des doigts pour bien incorporer le beurre. Ajoutez le reste des ingrédients et mélangez bien.
- Formez une boule avec la pâte. Enveloppez-la dans du film alimentaire et réservez au réfrigérateur pendant 12 h.
- Préchauffez le four à 180 °C.
- Sortez la pâte du réfrigérateur. Laissez-la reposer à température ambiante pendant quelques minutes, puis déposez-la sur le plan de travail fariné et abaissez-la au rouleau à 5 mm d'épaisseur.
- Découpez des formes à l'aide d'un emporte-pièce. Déposez-les sur une plaque à pâtisserie recouverte de papier sulfurisé.
- Faites cuire au four de 8 à 10 min. Laissez refroidir complètement avant de déguster. Conservez dans une boîte en fer.

Spéculoos bretons
Remplacez le beurre doux par du beurre demi-sel. Servez les biscuits nappés de caramel au beurre salé.

Mousse aux spéculoos
Écrasez 15 spéculoos avec 1 tasse de café fort. Ajoutez 50 cl de crème fraîche fouettée, 3 feuilles de gélatine dissoutes dans de l'eau, puis 4 blancs d'œufs en neige. Réservez au frais pendant 4 h.

Verrines aux pommes et aux spéculoos
Faites caraméliser 4 pommes coupées en dés à la poêle avec 1 noix de beurre et 3 c. à s. de sucre roux. Répartissez-les dans 4 verrines. Surmontez de chantilly et parsemez de spéculoos émiettés.

Verrines aux fraises et aux spéculoos
Mélangez 250 g de mascarpone avec 2 sachets de sucre vanillé, répartissez-le dans 4 verrines. Parsemez de fraises coupées en deux et de spéculoos émiettés.

Spritz au kirsch
Ajoutez 1 c. à s. de kirsch à la préparation.

Spritz au citron
Ajoutez le jus de 1 citron ou de 1 citron vert à la préparation.

Spritz au chocolat au lait
Faites fondre 150 g de chocolat au lait au bain-marie. Trempez-y les spritz à moitié, puis laissez prendre sur une grille.

Spritz aux amandes
Remplacez la moitié de la farine par 75 g de poudre d'amandes.

SPRITZ

Préparation : 15 min • **Cuisson :** 15 min • **Pour 15 spritz**

100 g de beurre ramolli • 50 g de sucre glace • 1 œuf
150 g de farine • 1 pincée de vanille en poudre

- Préchauffez le four à 180 °C.
- Dans un saladier, mélangez le beurre et le sucre au fouet jusqu'à ce que le mélange soit clair et mousseux.
- Incorporez l'œuf, la farine et la vanille. Mélangez bien.
- À l'aide d'une poche à douille, dressez des spritz ondulés sur une plaque à pâtisserie recouverte de papier sulfurisé.
- Faites cuire au four de 10 à 15 min.
- Laissez refroidir complètement avant de déguster. Conservez dans une boîte en fer.

Surprises au caramel
Remplacez les morceaux de fruits par de petits toffees.

Surprises aux pommes caramélisées
Faites cuire 3 pommes pelées et coupées en dés à la poêle avec 1 noix de beurre et 2 c. à s. de sucre en poudre. Garnissez-en les boules de pâte.

Surprises à la confiture
Remplacez les morceaux de fruits par 1 c. à c. de confiture d'abricots, de myrtilles, de pastèque ou de coings.

Surprises au Nutella®
Remplacez les morceaux de fruits par 1 c. à c. de pâte à tartiner de type Nutella®.

SURPRISES AUX FRUITS

Préparation : 15 min • **Cuisson :** 15 min • **Pour 20 biscuits**

200 g de poudre d'amandes • 140 g de sucre en poudre • 2 œufs
10 framboises • 10 cubes de mangue

- Préchauffez le four à 180 °C.
- Dans un saladier, mélangez la poudre d'amandes et le sucre. Battez rapidement les œufs et incorporez-les au mélange.
- Formez des petites boules de pâte et placez 1 petit cube de mangue ou 1 petite framboise au centre de chacune. Déposez les boules sur une plaque à pâtisserie recouverte de papier sulfurisé.
- Faites cuire au four de 10 à 15 min.
- Laissez refroidir complètement avant de déguster. Conservez dans une boîte en fer.

TRÈFLES IRLANDAIS AU GINGEMBRE

Préparation : 15 min • **Cuisson :** 15 min • **Pour 50 biscuits**

125 g de beurre ramolli • 125 g de cassonade • 1 œuf
1 c. à c. de gingembre en poudre • 250 g de farine
+ supplément pour le plan de travail • crayon pâtissier rouge • sel

- Dans un saladier, mélangez le beurre et la cassonade au fouet jusqu'à l'obtention d'un mélange homogène. Ajoutez l'œuf battu, le gingembre et 1 petite pincée de sel. Incorporez enfin la farine et mélangez bien le tout.
- Préchauffez le four à 180 °C.
- Formez une boule de pâte et abaissez-la à 5 mm d'épaisseur sur le plan de travail fariné. Découpez des trèfles à l'aide d'un emporte-pièce. Déposez-les sur une plaque à pâtisserie recouverte de papier sulfurisé.
- Faites cuire au four de 10 à 15 min, jusqu'à ce que les biscuits commencent à dorer.
- Laissez refroidir, puis ornez les contours des trèfles d'un trait de crayon pâtissier.

Trèfles au gingembre confit

Remplacez le gingembre en poudre par 3 ou 4 morceaux de gingembre confit grossièrement émiettés.

Trèfles à l'anis

Remplacez le gingembre en poudre par 1 c. à c. de graines d'anis.

Trèfles à la cardamome

Remplacez le gingembre en poudre par 2 capsules de cardamome écrasées.

Anzacs australiens

Faites fondre 125 g de beurre et 2 c. à s. de golden syrup. Ajoutez 1/2 c. à c. de bicarbonate de soude dilué dans 2 c. à s. d'eau chaude. Dans un bol, mélangez 100 g de flocons d'avoine, 150 g de farine, 150 g de sucre en poudre et 65 g de poudre de noix de coco. Réunissez les deux préparations et mélangez. Formez des tas sur une plaque et faites cuire au four de 10 à 15 min.

Tuiles au riz au lait
Déposez 1 ou 2 c. à s. de riz au lait à la vanille sur chaque tuile.

Tuiles à la crème dessert
Garnissez les tuiles de 1 ou 2 c. à s. de crème dessert à la pistache, à la vanille ou au chocolat.

Tuiles aux amandes
Pour la pâte, utilisez 2 blancs d'œufs battus avec 100 g de sucre en poudre, 35 g de beurre fondu et 30 g de farine. Parsemez les tuiles d'amandes effilées avant d'enfourner.

Tuiles dentelles au sésame
Mélangez 140 g de sucre en poudre, 40 g de farine, 50 g de graines de sésame, 40 g de beurre fondu et 1 c. à c. de jus de citron. Réservez au frais pendant 2 h. Déposez de petits tas de pâte sur une plaque et faites cuire au four pendant 5 min à 200 °C. Laissez refroidir sur un rouleau à pâtisserie.

TUILES AU CHOCOLAT

Préparation : 20 min • **Cuisson** : 8 min • **Pour 25 tuiles**

10 g de cacao • 75 g de sucre en poudre • 25 g de farine
20 g de beurre • 1 œuf

- Préchauffez le four à 180 °C.
- Dans un saladier, mélangez le cacao, le sucre et la farine. Faites fondre le beurre, puis ajoutez-le à la préparation. Mélangez, puis incorporez l'œuf et fouettez énergiquement.
- Formez une boule de pâte et abaissez-la à 5 mm d'épaisseur sur le plan de travail fariné. Découpez des disques de pâte à l'aide d'un emporte-pièce, puis déposez-les sur une plaque à pâtisserie recouverte de papier sulfurisé.
- Faites cuire les tuiles par fournée de 5, de 5 à 8 min.
- Dès la sortie du four, décollez les tuiles à l'aide d'une spatule et déposez-les dans une gouttière à tuiles, ou sur un rouleau à pâtisserie, et laissez-les sécher, pour qu'elles prennent leur forme. Conservez dans une boîte en fer.

TABLE DES MATIÈRES

GÂTEAUX POUR LE GOÛTER

GÂTEAUX DE FÊTE

PETITS GÂTEAUX ET MIGNARDISES

PETITS BISCUITS

CRÉDITS PHOTOGRAPHIQUES
Toutes les photographies de cet ouvrage proviennent de l'agence Oredia,
à l'exception des images suivantes :
Sucré Salé : couverture (photo principale), p. 15, 25, 27, 33, 79, 97, 101, 103, 105, 106-107, 121, 137, 139, 141, 155, 161, 165, 167, 171, 181, 183, 191, 193, 197, 249, 297, 329, 345, 381
Istock : p. 23, 31, 33, 63, 89, 179, 237, 273, 287, 339, 347
Fotolia : p. 135, 213, 227, 231, 257, 307, 315, 319, 325, 327, 343, 353, 363, 365, 369, 375.

Dans la collection 1001 recettes
Apéritifs dînatoires
La cuisine économique
La cuisine facile
La cuisine familiale
La cuisine légère
La cuisine rapide
Les cocktails
Les desserts
Les plats uniques

Conçu et réalisé par **Copyright** pour les **Éditions Solar**
Rédaction : Anne-Laure Estèves / **Mise en pages :** Bertrand Loquet
Création graphique : Jean-Louis Massardier / **Photogravure :** Peggy Huynh-Quan-Suu
Fabrication : Stéphanie Parlange et Cédric Delsart

ISBN : 978-2-263-05630-7
Code éditeur : S05630
Dépôt légal : septembre 2011

Achevé d'imprimer en août 2011
Imprimé en Chine